isı

von J

Jörn Böhme / Tobias Kriener /
Christian Sterzing

Kleine Geschichte des israelisch-palästinensischen Konfliktes

WOCHEN
SCHAU
VERLAG

Bibliografische Information der Deutschen Bibliothek

Die Deutsche Bibliothek verzeichnet diese Publikation in der Deutschen Nationalbibliografie; detaillierte bibliografische Daten sind im Internet über http://dnb.ddb.de abrufbar.

2. unveränderte Auflage 2007

www.wochenschau-verlag.de

Sie wollen mehr Informationen zu unseren Büchern? Zu jedem Titel finden Sie Autorenangaben, Inhaltsverzeichnis, Übersichtstexte im Internet. Sie wollen sich zu einem bestimmten Sachgebiet informieren? Klicken Sie auf die Themenstichwörter: So erhalten Sie einen guten Überblick. Wollen Sie alle Veröffentlichungen eines bestimmten Autors finden? Gehen Sie in die Autorenauskunft. Wollen Sie sich über einen Arbeitsbereich informieren? Nutzen Sie unsere Spezialkataloge. Alle Titel können Sie einfach im Shop gegen Rechnung bestellen.

Titelgestaltung: Ohl Design
Titelbild: Corbis./Düsseldorf

Karten mit freundlicher Genehmigung B. Wasserstein und M. Shand (Karten Nr. 8-11) aus: Israel & Palestine. Why They Figth and Can They Stop? (Karten Nr. 1-3)

Gedruckt auf chlorfreiem Papier
Druck und Bindung: CPI Moravia Books
ISBN 3-89974207-9

Inhalt

Karten

Zur Einführung

Mit dieser kurz gefassten Geschichte des israelisch-palästinensischen Konflikts können und sollen die zahlreichen Publikationen zu diesem Thema nicht ersetzt werden. Vielmehr ist dieses schmale Buch ausschließlich dazu gedacht, eine übersichtliche Darstellung an die Hand zu geben, mit der vor allem wichtige Wendepunkte und Entwicklungslinien hervorgehoben werden sollen. Die Hoffnung der Herausgeber ist es, dass diejenigen, die sich mit Hilfe dieses Heftes eine erste Schneise in die Fülle der Daten und Meinungen geschlagen haben, dadurch erst recht angeregt werden, tiefer zu bohren und sich anderen Auffassungen auszusetzen. Anregungen dazu mögen die Leserinnen und Leser den Literaturempfehlungen am Schluss des Buches entnehmen.

Die folgende Darstellung ist ebensowenig voraussetzungslos wie irgend eine andere. Der Deutsch-Israelische Arbeitskreis für Frieden im Nahen Osten (DIAK) beschäftigt sich seit seiner Gründung 1977 mit dem israelisch-palästinensischen Konflikt auf dem Hintergrund der deutschen Geschichte, und das heißt konkret: auf dem Hintergrund der Tatsache, dass Millionen Juden von Deutschen ermordet wurden, und dass viele der heutigen Staatsbürger Israels Entkommene oder Nachkommen von Opfern dieses Massenmordes sind. Dass die damals Entkommenen in ihrer übergroßen Mehrheit verständlicherweise keine Perspektive mehr für ein Leben in Europa sahen, sondern ihr Leben frei von der Bedrohung und Bevormundung durch die sie umgebenden, antisemitisch eingestellten Gesellschaften gestalten wollten, ist das wesentliche Motiv dafür, dass der DIAK seit seiner Gründung für das Recht des Staates Israel auf gesicherte Existenz eintrat. Diese Haltung, die vor 20 Jahren weder in Deutschland noch international selbstverständlich und darum eigens zu bekräftigen war, ist heute, nach Anerkennung des

Staates Israel durch die PLO, eine Selbstverständlichkeit und ihre Erwähnung nicht mehr als eine historische Reminiszenz. Als Voraussetzung dafür, dass die gesicherte Existenz Israels darüber hinaus auch noch eine Existenz in Frieden mit seinen Nachbarn sein kann, erscheint dem DIAK erforderlich, dass das Streben der palästinensischen Araber nach nationaler Selbstbestimmung verwirklicht wird – in welcher politischen und rechtlichen Verfasstheit auch immer. Auch dies ist nach der Anerkennung der PLO als Repräsentantin des palästinensischen Volkes nurmehr eine Banalität.

Daraus folgt für die Darstellung des israelisch-palästinensischen Konflikts:

- Der DIAK nimmt zur Kenntnis, dass zwei Völker Anspruch auf dasselbe Land erhoben und erheben. Im Konflikt um Israel/Palästina steht nicht Recht gegen Unrecht, sondern Anspruch gegen Anspruch.
- Wer Anspruch auf ein Land erhebt, kann nicht den Anspruch eines anderen anerkennen, ohne die Legitimität seines eigenen Anspruchs zu relativieren. Die Exklusivität der Ansprüche des jüdisch-israelischen und des palästinensisch-arabischen Volkes machten lange Zeit einen Kompromiss so schwierig, weil die Negation konkurrierender Ansprüche im Bewusstsein der Völker eine Teilung des Landes im Grunde nicht zulässt. Gibt Israel den Souveränitätsanspruch auf die besetzten Gebiete auf, so entfällt gemäß dem israelischen Selbstverständnis auch die Legitimation für den nationalen Anspruch auf das Kernland Israel. Gleiches gilt umgekehrt für die palästinensische Seite.
- Deshalb sieht der DIAK in dem mühsamen Versuch, die beiden einander widersprechenden Ansprüche miteinander zu vermitteln, die einzige Alternative zu einem endlosen Kriegszustand. Allenfalls durch einen solchen Vermittlungsversuch könnte das subjektive Empfinden, Rechte aufzugeben bzw. Unrecht zu erfahren, in so erträglichen Grenzen

gehalten werden, dass gewaltförmige Versuche, das Unrecht zu korrigieren, aufgegeben werden.

Jede Konfliktregelung, die den – uneinlösbaren – Anspruch erhebt, gerecht und dauerhaft zu sein, greift in das kollektive Identitätsbewusstsein der beiden betroffenen Völker ein und fordert eine fundamentale Veränderung des nationalen Selbstverständnisses. Das historische Mandatsgebiet Palästina ist für beide Völker Heimat, die Verbindung zum ganzen Land ist jeweils aufs engste mit der kollektiven Erinnerung beider Völker verwurzelt. Nur wer diese Dimension des Konfliktes für das jüdisch-israelische und das palästinensisch-arabische Volk begreift, versteht, dass es nicht nur um irgendwelche Grenzen oder Gebietsansprüche, nicht nur um die Okkupation eines schmalen Landstrichs im Nahen Osten und auch nicht „nur" um die notwendige Beendigung der andauernden Menschenrechtsverletzungen durch eine Besatzungsmacht geht. Der Palästinakonflikt ist Ausdruck der konkurrierenden Ansprüche zweier Völker. Daraus resultiert die Unmöglichkeit, diese Konfrontation von außen zu „lösen", und die Notwendigkeit, die Beteiligten des Konfliktes am Friedensprozess teilhaben zu lassen. Nur dann besteht eine Chance für eine dauerhafte Regelung.

Gerade für den Konflikt um Israel/Palästina gilt, dass Geschichtsschreibung sehr häufig der Legitimation politischer Ansprüche dient. Wir haben uns bemüht, mit dieser Broschüre eine Darstellung vorzulegen, die beide Seiten, wenn sie ihnen auch nicht gerecht werden kann, so doch einigermaßen fair darstellt. Dennoch die Aufforderung, kritisch zu lesen, keinen Satz als „Wahrheit" zu konsumieren, sondern jede Aussage als Anstoß zur eigenständigen, kritischen Reflexion aufzufassen, und die Hinweise auf weiterführende Literatur zu nutzen.

Jörn Böhme, Tobias Kriener
und Christian Sterzing

Zur Vorgeschichte des Konflikts

Um das Jahr 1000 v.Chr. etablierten die Vorfahren der heutigen Juden, die Israeliten, mit der Monarchie König Davids ihre Herrschaft über Kanaan, wie der Landstrich zwischen Mittelmeer im Westen und arabischer Wüste im Osten, Libanon-Gebirge und Hermon im Norden und Negev-Wüste im Süden damals genannt wurde. (Der Name „Land Israel“ [eretz jisrael] setzte sich jüdischerseits in der Epoche des 2. Tempels [587 v. bis 70 n.Chr.] durch. Der Name „Palästina“ wurde ihm 135 n. Chr. von den römischen Besatzern gegeben.)

Nach einer wechselvollen Geschichte von staatlicher Selbstständigkeit, politischer Abhängigkeit und Streben nach Selbstbestimmung, wurden die Juden nach der Niederschlagung ihres letzten Aufstands im Jahre 135 n.Chr. zum Großteil zur Emigration aus der Provinz Judäa gezwungen; das Betreten der Stadt Jerusalem war ihnen verboten. Gleichwohl bildeten sie in Galiläa, auf dem Golan und östlich des Jordan nach wie vor die Mehrheitsbevölkerung. Erst die Verschärfung der Repression, seitdem das Christentum zur Staatsreligion geworden war, führte dazu, dass das geistige Zentrum des Judentums sich nach Mesopotamien verlagerte und die jüdische Bevölkerung im Lande zur Minderheit wurde. Die in alle Welt zerstreuten Juden allerdings hielten die Erinnerung an die historische Heimat fest und gaben die religiöse Hoffnung auf Rückführung in das Land der Väter am Ende der Tage niemals auf.

Im Jahr 638 wurde Palästina von den Arabern erobert. Die bis dahin mehrheitlich christlich-hellenistische Bevölkerung wurde in wenigen Jahrzehnten bis auf kleine Minderheiten – darunter auch Juden – religiös islamisiert und kulturell arabisiert. Diese Prägung behielten die Bewohner auch unter der Herrschaft der Türken (1516-1918) bei.

Wie in der übrigen islamischen Welt seit dem 7. Jh. auch, lebten Christen und Juden in Palästina im 19. Jh. im Status von

Dhimmis, d.h. Angehörigen der besonders geschützten, aber nur mit eingeschränkten Rechten ausgestatteten „Gemeinschaften des Buches" (der Bibel). Keine der drei Religionsgruppen hätte sich eine andere Konstruktion ihres Zusammenlebens vorstellen können; die Idee, sich nach europäischem Vorbild entlang der Grenzen von „Nationen" voneinander abzusetzen, lag gänzlich fern. Der Konflikt zwischen den arabischen und den jüdischen Bewohnern Palästinas, der spätestens mit der Gründung des Staates Israel immer wieder auch die Dimension eines Konflikts zwischen dem jüdischen Gemeinwesen und seinen arabischen Nachbarstaaten annahm, nahm seinen Ausgang denn auch in Europa.

Die Entstehung des modernen politischen Zionismus

Zwei Faktoren haben das Entstehen des modernen Zionismus entscheidend geprägt:

- der fortdauernde Antisemitismus in Mittel- und Osteuropa und
- das Anwachsen des europäischen Nationalismus.

Während die jüdischen Gemeinden in Osteuropa am Ende des 19. Jahrhunderts noch immer in Ghettos lebten, vollzog sich in Mitteleuropa eine zunehmende Befreiung (Emanzipation) der Juden von dem Status einer unterdrückten und diskriminierten Volksgruppe. Die Eingliederung der Juden geschah allerdings häufig um den Preis der weit gehenden Aufgabe ihrer religiösen und kulturellen Identität und durch Anpassung an die politischen und gesellschaftlichen Umstände des jeweiligen Landes (Assimilation). So sahen sich viele Juden damals vor die Alternative gestellt,

- entweder ihr jüdisches Selbstverständnis als Volks- und

Religionsgemeinschaft zu bewahren, dafür aber gesellschaftlich benachteiligt und unterdrückt zu werden
– oder sich kulturell um einer unsicheren Gleichberechtigung willen anzupassen, ohne allerdings vor immer wieder aufkeimenden antisemitischen Gefühlen und Aktionen sicher sein zu können.

Der jüdische Journalist Theodor Herzl, der als Begründer des modernen Zionismus gilt, sah in dieser verhängnisvollen Alternative von Aufgabe oder Bewahrung der jüdischen Identität keinen befriedigenden Ausweg aus dem Dilemma der Juden. Anlässlich der Dreyfus-Affäre in Frankreich erlebte er, dass auch die Assimilation von Juden in Westeuropa nicht zum Verschwinden des Antisemitismus führte. Herzl interpretierte den Antisemitismus als einen ewigen Zug der menschlichen Natur.

In seinem 1896 erschienenen Buch „Der Judenstaat" skizzierte er die seiner Meinung nach einzige Lösung der jüdischen Frage: die Errichtung eines eigenständigen jüdischen Staates. Die Tragödie des jüdischen Volkes bestehe darin, ohne eigenen Staat als Fremdkörper unter feindlichen Völkern leben zu müssen. Nur die Gründung eines eigenen Staates könne eine Verwirklichung des jüdischen Selbstverständnisses ermöglichen und bewahre die leidgeprüften Juden vor den furchtbaren Folgen des Antisemitismus.

1897 kam es auf Herzls Initiative zum Ersten Zionistischen Kongress in Basel. Hier wurde mit dem „Land der Vorväter" – Palästina – die geografische Stoßrichtung dieser Bewegung festgelegt. Die nationalen Vorstellungen Herzls wurden so mit dem religiösen Erbe verbunden, was die politische Wirksamkeit dieser Bewegung entscheidend verstärken sollte.

Geschichte gemacht hat das Baseler Programm, das auf diesem Kongress verabschiedet wurde und bis zur Gründung des Staates Israel Grundlage zionistischer Politik sein sollte.

Deutlich wurde damals auch schon die Strategie dieser Bewegung:

„Ich halte die Judenfrage weder für eine soziale noch für eine religiöse, wenn sie sich auch noch so oder anders färbt. Sie ist eine nationale Frage, um sie zu lösen, müssen wir sie vor allem zu einer politischen Weltfrage machen, die im Rate der Kulturvölker zu regeln sein wird.

Wir sind ein Volk, ein Volk.

Wir haben überall ehrlich versucht, in der uns umgebenden Volksgemeinschaft unterzugehen und nur den Glauben unserer Väter zu bewahren. Man lässt es nicht zu ... Wir sind ein Volk – der Feind macht uns ohne unseren Willen dazu, wie das immer in der Geschichte so war. In der Bedrängnis stehen wir zusammen, und da entdecken wir plötzlich unsere Kraft. Ja, wir haben die Kraft, einen Staat, und zwar einen Musterstaat zu bilden“

(Th. Herzl: „Eine Lösung der Judenfrage“,
in der Zeitschrift Jewish Chronicle 1895/96).

– durch diplomatische Bemühungen erhoffte man, die Unterstützung der zionistischen Bestrebungen bei den damaligen Großmächten zu erreichen;
– die jüdische Kolonisierung Palästinas sollte vorangetrieben werden.

„Für ein Volk ohne Land ein Land ohne Volk“ wurde zum zionistischen Leitmotiv. Die Geburt des modernen politischen Zionismus löste Zustimmung jedoch nur bei einem kleinen Teil der Juden aus. Angesichts der 2000-jährigen Verfolgung und Unterdrückung des jüdischen Volkes hielten viele Juden Herzls Interpretation des Antisemitismus zwar für nahe liegend, jedoch für völlig losgelöst von den sozialen und politischen Verhältnissen der jeweiligen Epoche. Sie wollten die Hoffnung auf eine gleichberechtigte Integration in den jeweiligen Staat nicht aufgeben.

„Der Zionismus erstrebt für das jüdische Volk die Schaffung einer ‚öffentlich-rechtlich gesicherten Heimstätte in Palästina‘.

Zur Erreichung dieses Zieles nimmt der Kongress folgende Mittel in Aussicht:

> 1. Die zweckdienliche Förderung der Besiedlung Palästinas mit jüdischen Ackerbauern, Handwerkern und Gewerbetreibenden.
> 2. Die Gliederung und Zusammenfassung der gesamten Judenschaft durch geeignete örtliche und allgemeine Veranstaltungen nach den Landesgesetzen.
> 3. Die Stärkung des jüdischen Volksgefühls und Volksbewusstseins.
> 4. Vorbereitende Schritte zur Erlangung der Regierungszustimmungen, die nötig sind, um das Ziel des Zionismus zu erreichen."

Englands Politik gegenüber Juden und Arabern

Die zionistischen Führer versuchten zunächst auf diplomatischem Weg, die Großmächte für ihre Ziele zu gewinnen, indem sie diesen die Errichtung einer „jüdischen Heimstätte" in Palästina schmackhaft zu machen versuchten.

> „Palästina ist unsere unvergessliche historische Heimat. Dieser Name allein wäre ein gewaltig ergreifender Sammelruf für unser Volk.
>
> Wenn S.M. der Sultan uns Palästina gäbe, könnten wir uns dafür anheischig machen, die Finanzen der Türkei gänzlich zu regeln. Für Europa würden wir dort ein Stück des Walles gegen Asien bilden, wir würden den Vorposten der Kultur gegen die Barbarei besorgen. Wir müssen als neutraler Staat im Zusammenhang bleiben mit ganz Europa, das unsere Existenz garantieren müsste. Für die heiligen Stätten der Christenheit ließe sich eine völkerrechtliche Form der Exterritorialisierung finden. Wir würden die Ehrenwache um die heiligen Stätten bilden und mit unserer Existenz für die Erfüllung dieser Pflicht haften."

Doch weder der türkische Sultan und der deutsche Kaiser noch die englische Regierung und der russische Zar ließen sich überzeugen. Erst der Erste Weltkrieg weckte bei den Engländern ein akutes Interesse an dieser Region, galt es doch, im Krieg gegen Deutschland und das Osmanische Großreich Verbündete zu finden und langfristig die Interessen Englands im Nahen Osten zu sichern. Aus diesen Gründen versprach England 1917 in der so genannten Balfour-Deklaration die Unterstützung der jüdischen Bemühungen um die Errichtung einer nationalen Heimstätte in Palästina.

„Ministerium des Äußeren 2. November 1917

Mein lieber Lord Rothschild,

zu meiner Genugtuung übermittle ich Ihnen namens S.M. Regierung die folgende Sympathieerklärung für die jüdisch-internationalen Bestrebungen, die vom Kabinett geprüft und gebilligt worden ist.

Seiner Majestät Regierung betrachtet die Schaffung einer nationalen Heimstätte in Palästina für das jüdische Volk mit Wohlwollen und wird die größten Anstrengungen machen, um die Erreichung dieses Zieles zu erleichtern, wobei klar verstanden wird, dass nichts getan werden soll, was die bürgerlichen und religiösen Rechte und die politische Stellung nichtjüdischer Gemeinschaften in Palästina oder die Rechte und die politische Stellung der Juden in irgendeinem anderen Land beeinträchtigen könnte. Ich bitte Sie, diese Erklärung zur Kenntnis der zionistischen Föderation zu bringen.

(gez.) James Balfour“

In der Form eines privaten Briefes des englischen Außenministers an den Führer der britischen Zionisten stellt diese Deklaration nur eine „Sympathieerklärung“ dar. Ihre politische Bedeutung gewann sie dadurch, dass dieser Brief vom Außenminister unterschrieben und vom englischen Kabinett ausdrücklich gebilligt wurde. Für die zionistische Bewegung bedeutete diese Deklaration einen großen diplomatischen Erfolg, mit dem sie ihrem Ziel ein beträchtliches Stück näher gerückt war.

Die vagen Formulierungen in Balfours Brief dokumentieren

den Kompromisscharakter dieser Erklärung, denn England hatte vorher schon den Arabern ein arabisches Reich versprochen, um sie für den gemeinsamen Kampf gegen die türkische Kolonialherrschaft zu gewinnen.

In einem längeren Briefwechsel zwischen dem britischen Hohen Kommissar in Ägypten, McMahon, und dem Scherif Hussein von Mekka (1915/16) erklärten die Engländer:

„Was also jene Gebiete angeht, die innerhalb der Grenzen liegen, in denen Großbritannien Handlungsfreiheit hat, ohne den Interessen seines Verbündeten Frankreich zu schaden, bin ich im Namen der Regierung von Großbritannien ermächtigt, Ihnen folgende Zusicherung zu geben und damit folgende Antwort auf Ihren Brief:

1. Unter Beachtung der oben angeführten Änderungen ist Großbritannien bereit, die Unabhängigkeit der Araber in allen Gebieten innerhalb der durch den Scherif von Mekka geforderten Grenzen anzuerkennen und zu unterstützen.

2. Großbritannien wird die Heiligen Stätten gegen jede Aggression von außen schützen und ihre Unverletzlichkeit anerkennen.

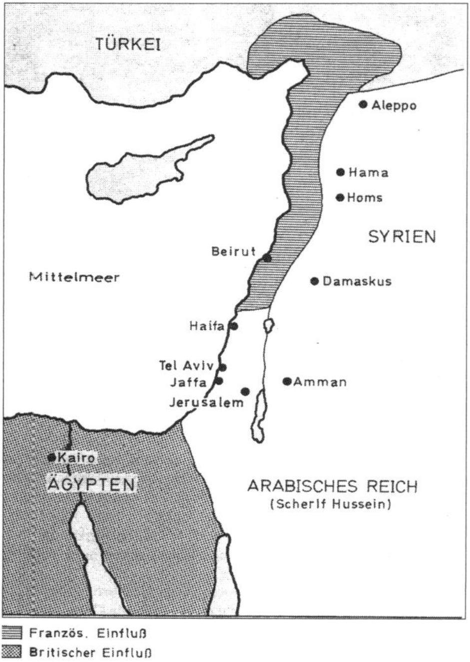

Karte 1: Die Grenzen der britischen Vereinbarung 1915 (Kartendienst Andrea Toscano del Banner, München)

3. Wenn es die Situation erlaubt, wird Großbritnnien die Araber mit Rat unterstützen und ihnen helfen, die jeweils beste Regierungsform in den verschiedenen Territorien zu errichten.

4. Auf der anderen Seite gilt es als vereinbart, dass die Araber Ratschlag und Führung einzig und allein bei Großbritannien suchen werden und dass Berater und Beamte, soweit sie zum Aufbau einer geregelten Verwaltung nötig sind, Briten sein werden."

McMahon-Brief vom 20.10.1915 (Auszug)

Diese sehr unbestimmten Zusicherungen der Engländer weckten bei den Arabern große Hoffnungen auf nationale Unabhängigkeit.

Das diplomatische Doppelspiel wurde vollends 1917 deutlich, als die neue russische Regierung ein zwischen Frankreich und England schon 1916 abgeschlossenes Geheimabkommen veröffentlichte. Briten und Franzosen hatten in diesem nach den beiden Unterhändlern benannten Sykes-Picot-Abkommen das nach der Zerschlagung des Osmanischen Großreiches den Arabern zu überlassende Gebiet in eine französische und eine englische Einflusssphäre geteilt, womit die Unabhängigkeit einer souveränen arabischen Nation zunächst unmöglich gemacht worden war. Die Engländer hatten weder die Zionisten und Araber über dieses Abkommen informiert, noch wussten die Franzosen von den im McMahon-Brief gemachten Versprechungen.

Die Balfour-Deklaration wurde nach der Billigung des Völkerbundes 1920 zum Bestandteil des britischen Mandatsvertrages über Palästina, so dass England weiterhin verpflichtet war, die Errichtung einer jüdischen Heimstätte in Palästina zu fördern. Nur wenige erkannten damals, dass durch diese Deklaration den Juden ein Staatsgebiet versprochen wurde, ohne dass man die dort lebenden Araber nach ihrer Meinung gefragt hatte.

Die Araber waren die eigentlichen Benachteiligten dieser Abkommen. Mit Unterstützung der Araber war es den Engländern

Karte 2: Der britisch-französische Plan zur Internationalisierung Palästinas (Sykes-Picot-Abkommen 1916) (Kartendienst Andrea Toscano del Banner, München)

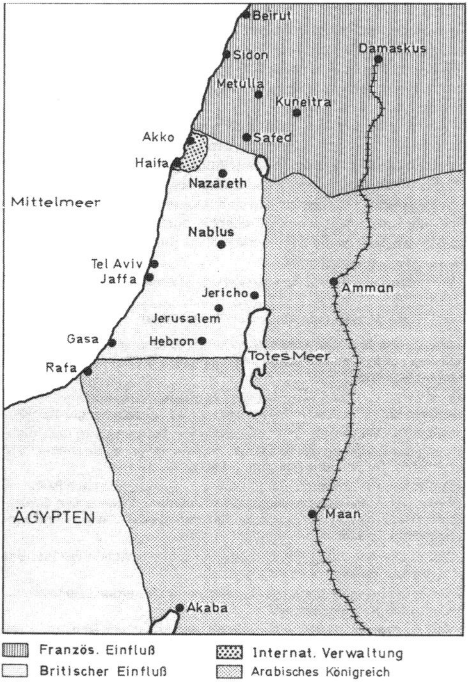

und Franzosen zwar gelungen, 1918 das Osmanische Reich zu besiegen und aus dem Nahen Osten zu vertreiben. Doch der Zusammenschluss der Araber in einem gemeinsamen Staat war verhindert worden; die türkische Kolonialherrschaft war praktisch durch die englische und französische ersetzt worden.

Die Versprechungen, die Großbritannien dem Scherifen von Mekka gemacht hatte, wurden dadurch abgegolten, dass 1921 sein Sohn Feisal zum König des Irak, sein Sohn Abdallah zum Emir von Transjordanien gemacht wurde. Er selber wurde von Ibn Saud aus der arabischen Halbinsel vertrieben. Der irakische Zweig der Dynastie ging in der Revolution General Kassems 1958 unter; die Palästina-Politik des jordanischen Königshauses war bis zum offiziellen Verzicht König Husseins (des Enkels Abdallahs) 1988 auf die Westbank von dem Bemühen bestimmt, soviel wie möglich vom alten Traum des großarabischen Reiches zu retten.

Jüdische Besiedlung Palästinas

Lange Zeit blieb der Zionismus im Judentum eine Minderheitsbewegung. Das im Vergleich mit den westlichen Staaten zurückgebliebene Palästina mit seinen harten klimatischen Bedingungen übte nur wenig Anziehungskraft aus. Bis 1929 verließen fast vier Millionen vornehmlich aus Osteuropa stammende Juden ihre Heimat, von denen die meisten (ca. drei Millionen) nach Nord- und Südamerika auswanderten. Die Flucht vor dem sich teilweise in blutigen Pogromen entladenden Antisemitismus und dem qualvollen Ghettoleben veranlasste sie zu dem Versuch, sich in westlichen Staaten als assimilierte Juden eine menschenwürdige Existenz aufzubauen. Nur 120.000 bis 150.000 Juden fuhren nach Palästina. Erst nachdem in den 30er-Jahren die Verfolgung der Juden in Deutschland immer grausamere Züge annahm, und als zudem viele Staaten die jüdische Einwanderung drastisch beschränkten, stieg die Zahl jüdischer Siedler in Palästina sprunghaft an.

Schon die wenigen Siedler, die am Anfang des Jahrhunderts das Heilige Land zu ihrer „alten neuen Heimat" erkoren hatten, begannen zielstrebig, ein jüdisches Gemeinwesen aufzubauen. Diese Pionier-Generation (ca. 100.000 bis 1923) war weniger von religiösen als von sozialistisch-zionistischen Vorstellungen geprägt. Nicht die „religiöse Erlösung", sondern die „soziale und nationale Wiedergeburt" des jüdischen Volkes stand für sie im Vordergrund. Die in der Diaspora (Zerstreuung) zerstörten sozialen Strukturen des jüdischen Volkes sollten erneuert werden: Körperliche Arbeit und die Bebauung des Bodens erschienen als entscheidende Voraussetzung für den Aufbau einer lebensfähigen Gemeinschaft. Nicht Ausbeutung und Unterdrückung, sondern gemeinsame Lebens- und Arbeitsformen sollten die Grundlage einer neuen egalitären Gesellschaft sein.

Die Siedler kauften Boden von arabischen Großgrundbesitzern und errichteten jüdische Siedlungen und Betriebe. Die widrigen Umstände in diesem wüstenartigen und versumpften Land erforderten gemeinsame Anstrengungen. Allein war man zum Scheitern verurteilt. So entstand eine ganze Reihe von genossenschaftlichen Siedlungsformen, von denen der Kibbuz die wichtigste werden sollte. In ihm gab es bei Aufgabe des Privateigentums absolute Gleichheit und kollektive Lebens- und Arbeitsfor-men.

Die wirtschaftliche und landwirtschaftliche Erschließung des Landes sowie der organisatorische Aufbau der jüdischen Gemeinschaft machten schnelle Fortschritte. Eine Reihe von Organisationen und Institutionen, zum Beispiel der Jüdische Nationalfonds, der die Landkäufe und die Finanzierung der Kolonialisierung koordinierte, und die Jewish Agency, wurden gegründet. Diese entwickelte sich zu einer Art Regierung der jüdischen Gemeinschaft in Palästina und zum entscheidenden Gremium des Zionismus überhaupt.

Die englische Mandatsmacht gewährte der jüdischen Gemeinschaft eine weit gehende Selbstverwaltung. Die Wahrnehmung der kulturellen, sozialen, politischen und wirtschaftlichen Interessen der jüdischen Bevölkerung übertrug sie der Jewish Agency. Diese Autonomie ermöglichte die Bildung von vorstaatlichen Strukturen, die bis heute den israelischen Staat prägen.

Die rapide Entwicklung war vor allem russischen Einwanderern zu verdanken, die bis in die 20er-Jahre hinein den größten Anteil unter den Siedlern stellten. Sehr vereinfacht lassen sich diese Pioniere als tatendurstige, abenteuerlustige, zielstrebige, vom Ideal der nationalen und sozialen Wiedergeburt geprägten Zionisten beschreiben, die dem osteuropäischen Proletariat entstammten und deren Kolonialisierungsarbeit entscheidend durch Spenden von wohlhabenden Juden in den USA und Westeuropa gefördert wurde.

Die nächste Generation von Einwanderern unterschied sich sehr von diesen Pionieren. Nicht der Zionismus, sondern bittere Notwendigkeit führte sie nach Palästina.

Für das Anwachsen der Einwanderung in den 30er-Jahren waren drei Faktoren verantwortlich:

- Die Beschränkung der amerikanischen Einwanderungsquoten versperrte vielen Juden den Weg in die USA.
- Trotz der weltweiten Wirtschaftskrise herrschte in Palästina relativer Wohlstand.
- Am zahlreichsten kamen jedoch in den 30er-Jahren die Juden aus Mitteleuropa, die vor den Verfolgungen durch die Nationalsozialisten flohen.

Mit diesen Einwanderungswellen (von 1924 bis 1948 ca. 450.000) kamen vornehmlich mitteleuropäische Intellektuelle und Kaufleute, Handwerker und Techniker, die im Gegensatz zu den armen osteuropäischen Einwanderern zumeist eigenes Kapital mitbringen konnten. Diesen Flüchtlingen waren die Vorstellungen von nationaler und sozialer Wiedergeburt nicht so wichtig wie das nackte Überleben und der Aufbau einer neuen privaten Existenz. Sie wollten nicht das Land bebauen, sie zog es in die Städte.

Arabischer Nationalismus

Nach Jahrhunderten kolonialer Unterdrückung entstanden um die Jahrhundertwende im Nahen Osten die Anfänge eines arabischen Nationalismus. Er entwickelte sich vor allem in Gegnerschaft zum türkischen Nationalismus des Osmanischen Reiches, später in Opposition zur zionistischen Siedlungspolitik und zur Vorherrschaft der britischen Kolonialmacht. Die Errichtung der britischen Mandatsherrschaft nach dem Ersten Weltkrieg bedeutete für diese noch schwachen nationalen Kräfte ein „europäisches Diktat und koloniale Amputation".

Die palästinensische Bevölkerung beteiligte sich an dieser allgemeinen national-arabischen Bewegung, doch einen ausschließlich palästinensischen Nationalismus gab es zunächst nicht. „Palästina" war im Osmanischen Großreich Teil des syrischen Territoriums, und das palästinensische Gebiet stellte eine Provinz, nämlich Südsyrien dar. Zwar signalisierte 1911 die Gründung einer ersten palästinensischen Organisation und 1919 der erste palästinensische Kongress eine gewisse „Regionalisierung“ des politischen Bewusstseins – ein Prozess, der durch den Zerfall „Groß-Syriens“ in zwei Protektorate (1922) und Errichtung der „Schutzherrschaft“ der Franzosen (Syrien) und Engländer (Palästina) verstärkt wurde –, doch das politische Denken der aktiven Eliten war vor allem von panarabischen Vorstellungen geprägt. Aus der Konfrontation mit der jüdischen Siedlungspolitik und der jüdischen Parallelbewegung, dem Zionismus, erhielt der Widerstand der arabisch-palästinensischen Bevölkerung allerdings sein spezifisches Gepräge.

Die arabische Bevölkerung in Palästina stand unter dem Einfluss von Großgrundbesitzer- und Notablenfamilien, die vornehmlich mit inneren Zwistigkeiten und der Sicherung ihrer eigenen wirtschaftlichen Interessen beschäftigt waren. Sie profitierten von den zionistischen Landkäufen, während die abhängigen arabischen Bauern durch den Verkauf des bisher von ihnen bearbeiteten Bodens arbeits- und heimatlos wurden. Viele zogen in die Städte und bildeten dort ein neues Proletariat. Auf Grund ihrer langen Abhängigkeit und ihrer dadurch bedingten sozialen, politischen, wirtschaftlichen und kulturellen Rückständigkeit vermochten es die arabischen Bauern nicht, durch Reformen oder Revolution ihre Lage selbstständig zu verbessern. Auch gelang es ihnen nicht, kommunale oder regionale arabische Organisationen aufzubauen, die mit den jüdischen Institutionen (z.B. der Jewish Agency) hätten konkurrieren können. So wurden zwar Parteien gegründet, doch unterschieden sich diese – bis auf eine kleine kommunistische Partei – kaum in ihren Programmen, sondern stellten faktisch Wahlvereine der rivalisierenden Notablenfamilien dar.

Der feudalistisch-bürgerlich geprägte arabische Nationalismus konnte sich gegenüber den Großmächten nicht durchsetzen. Die britische Mandatsregierung brach nicht nur die den Arabern gemachten Versprechungen, sie erfüllte auch nicht die

Verpflichtungen des Völkerbundes, die Bildung einer arabisch-palästinensischen Selbstverwaltung zu fördern. Alle Petitionen und Demonstrationen, Proteste und Appelle der arabischen Nationalisten stießen in der Welt auf taube Ohren. Die willkürliche Teilung der nahöstlichen Region nach den Interessen der Großmächte widersprach der traditionellen ethnischen, kulturellen und sprachlichen Einheit der arabischen Region. Im Kampf gegen die Kolonialmacht England und gegen die besonders auf Palästina zielende zionistische Bewegung bildete sich denn auch ein eigenes palästinensisches Nationalbewusstsein heraus.

Juden und Araber unter dem Mandat

Bis zum Ersten Weltkrieg standen die arabischen Feudalherren der jüdischen Einwanderung positiv gegenüber, erhofften sie sich doch von den technischen und wirtschaftlichen Fähigkeiten der jüdischen Siedler fruchtbare Impulse für die Entwicklung Palästinas. Allerdings stimmten die Araber der jüdischen Einwanderung nur unter der Voraussetzung zu, dass diese ehemals türkische Provinz nach der Befreiung ihre Unabhängigkeit erhalten werde.

1919 stellte die anglo-amerikanische King-Crane-Kommission fest, dass die nichtjüdische Bevölkerung (fast neun Zehntel der Gesamtbevölkerung) das gesamte zionistische Projekt absolut ablehnte. Wenn man also einer so eingestellten Bevölkerung eine unbegrenzte jüdische Einwanderung auferlegte und sie einem immer stärkeren finanziellen Druck aussetzte, um sie dahin zu bringen, Land abzutreten, bedeutete das eine Missachtung der nationalen Selbstbestimmung und des Völkerrechts, selbst wenn diese Vorgänge sich im Rahmen der Legalität abspielten.

Der Traum vieler Juden von einem eigenen Staat in Palästina wurde zum Alptraum der Araber des Landes. Im Laufe der Jahre wuchs der arabisch-palästinensische Widerstand gegen die jüdische Besiedlung Palästinas. Der Protest gegen die Einwanderung entlud sich immer häufiger in blutigen Zusammenstößen zwischen Arabern und Juden.

Die jüdische Besiedlung erschütterte die sozialen Strukturen der bäuerlich strukturierten arabischen Gesellschaft. Die schnelle Entwicklung des jüdischen Gemeinwesens vollzog sich zum Nachteil der Araber. In den 20er-Jahren proklamierten die Zionisten die Grundsätze der „jüdischen Arbeit", das heißt, arabische Arbeiter durften nicht in jüdischen Betrieben oder landwirtschaftlichen Siedlungen beschäftigt werden, Juden sollten nur jüdische Waren kaufen. So vollzog sich in Palästina eine völlig getrennte Entwicklung der jüdischen und arabischen Bevölkerung im politischen wie im wirtschaftlichen Bereich.

Die Zionisten erkannten, dass sie als „Volk ohne Land" offenbar doch nicht in ein „Land ohne Volk" zurückkehrten. Immer mehr setzte sich die Überzeugung durch, dass nur ein eigener jüdischer Staat das Dilemma lösen könne. Immer weniger glaubte man an eine friedliche Koexistenz von Juden und Arabern in einem Staat. Nicht diplomatische Verhandlungen, sondern „Einwanderung und Siedlung" mussten für sich allein unübersehbare politische Tatsachen schaffen, die die Unabhängigkeit bringen werden (Ben Gurion). Die Organisationsstrukturen des jüdischen Gemeinwesens in Palästina wurden zielgerichtet ausgebaut und verstärkt. Die 1920 als lockere Zusammenfassung von freiwilligen Selbstschutzverbänden gegründete Haganah wurde zu einer schlagkräftigen Untergrundarmee weiterentwickelt. Die Besiedlung des Landes wurde im Hinblick auf die Bildung eines jüdischen Staates nicht dem Zufall überlassen.

Wachsender Feindschaft sahen sich die Juden gegenüber, als in den 1930er-Jahren Hunderttausende von jüdischen Flüchtlingen aus Mitteleuropa nach Palästina strömten. Die dramatische Zuspitzung der Entwicklung führte zum arabischen Generalstreik (1936-1939), der besonders mit den Forderungen nach einem vollständigen Verbot der jüdischen Einwanderung und des Bodenverkaufs an Juden verbunden war. Gleichzeitig richtete sich dieser Protest gegen die englische Kolonialmacht, die diesen Streik sofort für ungesetzlich erklärte und mit allen Mitteln zu unterdrücken versuchte. Daraufhin kam es zu immer blutigeren Auseinandersetzungen.

„Die Anlage und Entwicklung der zionistischen Pioniersiedlungen waren von Anfang an mindestens teilweise von politisch-strategischen Überlegungen bestimmt. Der Siedlungsort wurde nicht nur in Anbetracht seines wirtschaftlichen Potenziales gewählt, sondern auch (und oft hauptsächlich) im Hinblick auf seine Verteidigungsmöglichkeiten, die allgemeine Siedlungsstrategie (Schaffung einer politischen jüdischen Präsenz in allen Teilen des Landes) und die Rolle ganzer Siedlungsblöcke in einem kommenden möglicherweise entscheidenden Kampf. Dementsprechend wurden solche Ländereien angekauft oder, wenn sie herrenlos waren, einfach urbar gemacht, die in entlegenen Landesteilen inmitten arabisch bevölkerter Gebiete lagen, womöglich nahe der Grenze.

Jede Siedlung hatte daher eine Haganah-Festung zu sein. Die landwirtschaftlichen Pläne und Anlagen waren mit den militärischen eng verknüpft und das Budget hatte für Schwert und Pflugscharen aufzukommen."

(Yigal Allon, späterer Außenminister Israels.
„... und David ergriff die Schleuder", Berlin 1971, S. 191.)

Angesichts dieser Unruhen sandte die englische Regierung verschiedene Untersuchungskommissionen nach Palästina. Die sogenannte Peel-Kommission (1937) sah den einzigen Ausweg in einer Teilung des Landes und der Schaffung eines eigenständigen jüdischen Staates.

Das so genannte Weißbuch (1939) bedeutete eine Aufhebung der Balfour-Deklaration: Faktisch sah es das Ende der jüdischen Einwanderung (Begrenzung auf 15.000 jährlich in den kommenden fünf Jahren; danach nur mit Zustimmung der Araber) und der Bodenkäufe vor.
Das Weißbuch löste unter den Juden in der Welt Empörung aus,

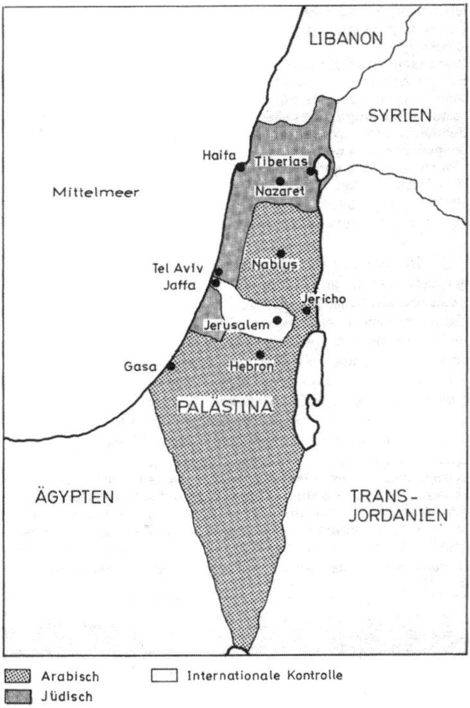

Karte 3: Der Teilungsplan der Royal Commission für Palestine (Peel-Plan 1937) (Kartendienst Andrea Toscano del Banner, München)

denn damit war für viele der letzte Ausweg verschlossen, Hitlers Vernichtungsmaschinerie zu entkommen. Die Politik der Engländer brachte die Juden in eine schwierige Lage:

Einerseits kämpften sie gegen die britische Palästina-Politik, zum anderen an der Seite Englands gegen das nationalsozialistische Deutschland, denn dieser Krieg war für Juden gleichzeitig ein Kampf gegen ihre Vernichtung. „Wir führen Krieg an Englands Seite, als gäbe es kein Weißbuch, und wir bekämpfen das Weißbuch, als gäbe es keinen Krieg“, sagte Ben Gurion auf einem zionistischen Kongress in New York (1942), wo das so genannte Biltmore-Programm verabschiedet wurde.

„Die Konferenz erklärt, dass die neue Weltordnung, die dem Siege folgen wird, nicht auf die Fundamente des Friedens, der Gerechtigkeit und Gleichheit gegründet werden kann, wenn nicht das Problem jüdischer Heimatlosigkeit endgültig gelöst wird.

Die Konferenz fordert, dass die Tore Palästinas geöffnet werden, dass die Jewish Agency mit der Kontrolle der Einwanderung nach Palästina und der notwendigen Amtsgewalt für den Aufbau des Landes betraut wird, einschließlich der Entwicklung seiner unbesiedelten und unkultivierten Gebiete; und dass Palästina als ein jüdisches Gemeinwesen gegründet wird, integriert in die Struktur der neuen demokratischen Welt."

Mit diesem Programm wurden endgültig die Weichen für die zionistische Nachkriegspolitik gestellt:

- Angesichts des heftigen arabischen Widerstands gegen die jüdische Einwanderung nach Palästina forderte man, die Geschicke des Landes in die Hände der jüdischen Bevölkerungsminderheit zu legen; die wenigen Stimmen, die noch immer eine binationale Lösung, das heißt einen gemeinsamen Staat (oder Staatenbund) von Juden und Arabern, anstrebten, konnten sich nicht durchsetzen.
- Gleichzeitig bedeutete dieses Programm die Aufkündigung der Zusammenarbeit mit England; Ben Gurion, der bei diesem Kongress seine Position als Führer des Zionismus stärken konnte, setzte für die Zukunft auf die USA.

Gründungsphase des Staates Israel

In den deutschen Konzentrations- und Vernichtungslagern waren Millionen Juden ermordet worden. Nach der Befreiung Deutschlands durch die alliierten Armeen wollten Tausende von Juden, die der Ausrottung entronnen waren, nach Palästina, doch die Engländer verweigerten ihnen die Einreise und errichteten eine regelrechte Blockade, um die illegale Einwanderung zu verhindern. Dennoch erreichten bis zur Staatsgründung fast 60.000 Juden Palästina.

Dort hatte sich die Situation verschärft. Jüdische und arabische bewaffnete Gruppen kämpften gegeneinander und gegen die englische Mandatsmacht. Die Juden forderten immer dringlicher den jüdischen Staat, die Araber hofften, endlich ihre nationale Unabhängigkeit erreichen zu können.

England wurde der Lage nicht mehr Herr und übergab 1947 in dieser ausweglosen Situation das Mandat an die Vereinten Nationen. Nach langen Beratungen verabschiedete die UN-Vollversammlung schließlich als Kompromiss der verschiedensten Vorschläge einen Teilungsplan, der die Gründung eines arabischen und eines jüdischen Staates in Palästina vorsah.

> „Das Mandat über Palästina endet so bald als möglich, keinesfalls aber später als am 1. August 1948 ... Unabhängige arabische und jüdische Staaten und eine besondere internationale Verwaltung der Stadt Jerusalem sollen in Palästina zwei Monate nach Abzug der Streitkräfte der Mandatsmacht errichtet werden, keinesfalls aber später als am 1. Oktober 1948."
>
> (UN-Resolution 181 vom 29.11.47)

Eine große Mehrheit für diesen UN-Teilungsplan vom 29. November 1947 kam in der UN-Vollversammlung wohl hauptsächlich aus drei Gründen zustande:

- dem Eindruck der jüdischen Katastrophe und der Tragödie der überlebenden Juden, die nicht nach Palästina einreisen durften, statt dessen von den Engländern neuerlich in Lagern interniert wurden;
- der Zustimmung beider Großmächte, der USA und der UdSSR, zum Teilungsplan;
- starkem wirtschaftlichem und politischem Druck der USA auf die Länder der Dritten Welt.

Juden in aller Welt begrüßten den Teilungsplan: Er erfüllte zwar nicht alle territorialen Vorstellungen, doch war mit der Errichtung eines jüdischen Staates das wichtigste Ziel erreicht. Die Araber lehnten den UN-Plan ab. Sie wiesen darauf hin, dass

Karte 4: Palästina bis 1947

dieser Beschluss gegen elementare Prinzipien der UN-Charta verstoße. Im Artikel I dieser Charta ist nicht nur der Gleichheitsgrundsatz, sondern auch das Selbstbestimmungsrecht aller Völker festgelegt, das von allen Staaten und auch von der UN respektiert werden müsse. Die Palästinenser empfanden den Teilungsplan als Unrecht: Den 1.415.000 Arabern (69 %) standen 650.000 Juden (31 %) gegenüber, denen nur 5,67 % des gesamten Bodens in Palästina gehörten. Trotzdem sollte der jüdische Staat 56,47 % der Gesamtfläche Palästinas umfassen.

In Palästina herrschten bis 1948 praktisch bürgerkriegsähnliche Zustände. Am Tag vor dem offiziellen Abzug der englischen Mandatstruppen verkündete Ben Gurion die Gründung Israels. Am näch-

Karte 5: Israel 1948-19667

sten Tag erklärten die umliegenden arabischen Staaten Israel den Krieg. Nach langen Kämpfen und verschiedenen Feuerpausen, die von beiden Seiten immer wieder gebrochen wurden, kam es 1948 zum Waffenstillstand, der von arabischer Seite jedoch ausdrücklich nicht die Anerkennung des Staates und der Grenzen Israels beinhaltete. Die Israelis hatten ihr Staatsgebiet um ein Drittel vergrößert, die Gründung eines palästinensischen Staates war in weitere Ferne gerückt denn je, zumal der jordanische König bald die Westbank und Ost-Jerusalem seinem Königreich einverleibte und der Gaza-Streifen unter ägyptische Verwaltung fiel.

Aus israelischer Sicht bedeutete der Sieg im Unabhängigkeitskrieg die ersehnte Wiedergeburt eines jüdischen Staates, für viele Palästinenser brachte der Krieg den Verlust ihrer Heimat.

Flüchtlinge

Die schwerste Hypothek jedoch, die dieser erste israelisch-arabische Krieg hinterließ, war das Problem der palästinensischen Flüchtlinge. 1948 wurde die erste große Flüchtlingswelle ausgelöst, aber bis heute sind die Zahlenangaben und die tatsächlichen Gründe für die Massenflucht zwischen Arabern und Juden umstritten.

Der entscheidende Grund liegt in den Kriegswirren jener Monate. Die Angehörigen der arabischen Oberschicht flohen als erste. Der städtischen und dörflichen Führungsschicht folgten große Teile der palästinensischen Bevölkerung, nicht selten in der geschürten trügerischen Annahme, in wenigen Wochen nach einer vernichtenden Niederlage der Israelis zurückkehren zu können. Tatsächliche und von der arabischen Propaganda erfundene israelische Übergriffe unter der arabischen Bevölkerung verursachten außerdem eine allgemeine Panik. Zunächst forderte die militärische Führung Israels die Flucht der Araber Palästinas nicht. In der letzten Kriegsphase hat sie jedoch teilweise selber Vertreibungen durchgeführt, nachdem die Vorteile der Massenflucht offenbar geworden waren: Sie schwächte die arabische Minderheit im Staat Israel und befreite ihn damit von einer starken inneren Opposition und Bedrohung. Sie verbesserte auch die Aufnahmemöglichkeiten des jungen Staates für die zu erwartende Masseneinwanderung.

Für viele der 600.000 bis 760.000 Palästinenser, die geflohen oder vertrieben worden waren, begann damit ein jahrzehntelanges Leben in Flüchtlingslagern. Die arabischen Staaten konnten oder wollten diese Flüchtlinge nicht integrieren, die ihre Hoffnung auf eine Rückkehr in ihr Heimatland nie aufgaben.

Trotz langer Verhandlungen kam es zu keiner grundsätzlichen Regelung. Israel weigerte sich, Hunderttausende ihm feindlich gesonnener Araber aufzunehmen, zumal anstelle vieler arabischer Dörfer jüdische Siedlungen errichtet worden waren. Nur 40.000 Palästinensern wurde bis 1953 auf dem Weg der Familienzusammenführung die Rückkehr nach Israel erlaubt.

Die UN-Vollversammlung verabschiedete 1948 eine Resolution, in der es u.a. heißt:

„Die Vollversammlung beschließt, dass den Flüchtlingen, die in ihre Heimat zurückkehren und in Frieden mit ihren Nachbarn zu leben wünschen, die Rückkehr zum frühestmöglichen praktikablen Zeitpunkt erlaubt werden solle; und dass denjenigen, die es vorziehen, nicht zurückzukehren, eine Entschädigung für ihr aufgegebenes Vermögen gezahlt und für den Eigentumsverlust oder -beschädigung Schadenersatz geleistet werden soll, der nach den Grundsätzen des internationalen Rechts oder nach Billigkeit von den verantwortlichen Regierungen oder Behörden getragen werden soll."

(UN-Resolution 194 vom 11.12.48)

Dieses Flüchtlingsproblem bestimmte lange Zeit als eine humanitäre Frage die Diskussion. Erst nach der arabischen Niederlage 1967 wurde seine politische Dimension beherrschend.

Der neue Staat Israel entsteht

Die Sammlung der Juden aus aller Welt war das erklärte Ziel des neuen Staates. Waren bis 1948 ca. 650.000 Juden nach Palästina eingewandert, so wuchs die jüdische Bevölkerung in Israel in den ersten drei Jahren um mehr als das Doppelte. Diese Einwanderung stellte den jungen Staat vor gewaltige Probleme. Wohnungen und Arbeitsplätze mussten geschaffen werden. Der größte Teil der jüdischen Einwanderer in den 1950er-Jahren kam als Flüchtlinge aus den arabischen Ländern. Diese orientalischen Juden waren meist Analphabeten, kleine Handwerker, Händler und Bauern. Sie mussten sich in einer völlig neuen Umgebung zurechtfinden und in die von europäischen Juden geprägte moderne Gesellschaft Israels eingegliedert werden.

Neben der Einwanderung von orientalischen Juden stellten die ca. 160.000 im israelischen Staatsgebiet verbliebenen Palästinenser ein weiteres innenpolitisches Problem dar. Sie wurden israelische Staatsbürger, denen man in der Gründungsurkunde des Staates Gleichberechtigung versprach. Diese arabische Bevölkerung Israels, deren Wohngebiete meist an den Grenzen des Landes lagen, wurden jedoch einer Militärverwaltung unterstellt, weil sie als Sicherheitsrisiko galt. Ca. 70 % ihres Landes wurde von Israel enteignet und neuen Siedlungen zur Verfügung gestellt. Viele Palästinenser verloren in Israel ihre traditionellen Arbeitsplätze. Neugeschaffene Arbeitsplätze in Israel blieben den eingewanderten Juden vorbehalten.

Die Militärverwaltung wurde 1966 aufgehoben, und die soziale und wirtschaftliche Situation der Araber Israels hat sich in den letzten Jahren wesentlich verbessert. Dennoch besteht auch heute eine tiefe Kluft zwischen der jüdischen und der arabischen Bevölkerung in Israel. Noch immer sind die Araber Israels Bürger zweiter Klasse.

Die Sinai-Aktion (1956)

Nach dem Ende des Unabhängigkeitskrieges folgte auf beiden Seiten zunächst eine Zeit der innenpolitischen Konsolidierung und militärischen Wiederaufrüstung. Aber ab 1954 steigerten sich die Feindseligkeiten zwischen Israel und Ägypten. Die Blockade des israelischen Hafens Eilat und ständige Überfälle an der Grenze zum Gaza-Streifen, die für Israel Anlass zu einem Vergeltungsschlag gegen die Stadt Gaza waren, verschärften die Spannungen. Als der ägyptische Präsident Nasser, der seit seiner Machtübernahme das Land von den Einflüssen der westlichen Großmächte zu befreien versuchte, 1956 den in französisch-britischem Besitz befindlichen Suez-Kanal verstaatlichte, löste dies bei Engländern und Franzosen Empörung aus. Besonders die französische Regierung gab deutlich zu verstehen, dass sie einer militärischen Besetzung der Suez-Kanal-Zone durch die ehemaligen Mandatsmächte nicht ablehnend gegenüberstand. Diese Möglichkeit, der ägyptischen Regierung mit französischer und britischer Hilfe einen entscheidenden Schlag zu versetzen, wollte Israel nicht ungenutzt verstreichen lassen: Im Oktober 1956 startete Israel mit der militärischen Unterstützung Frankreichs und Englands die Sinai-Aktion und eroberte in wenigen Tagen den Gaza-Streifen und den gesamten Sinai.

Starker internationaler Druck vor allem der beiden Großmächte USA und UdSSR veranlasste Israel im Jahre 1957 zum Rückzug aus allen besetzten Gebieten. UN-Truppen kontrollierten die ägyptisch-israelische Grenze. An den Grenzen herrschte nunmehr ein Jahrzehnt relativer Frieden, so dass Israel sich stärker seinen drängenden innenpolitischen Problemen widmen konnte. Doch vor allem in der Dritten Welt hatte Israel an Ansehen eingebüßt. Trotz der militärischen Niederlage galt Nasser als der eindeutige Sieger der Sinai-Aktion. Sein Prestige stieg nicht nur bei den arabischen Staaten, sondern in der gesamten Dritten Welt. Außerdem festigte die UdSSR durch militärische und diplomatische Unterstützung der arabischen Staaten ihre eigene Position im Nahen Osten.

Der Sechs-Tage-Krieg (1967)

Dem nächsten Krieg zwischen Israel und den arabischen Staaten waren lang anhaltende, sich immer mehr zuspitzende Spannungen vorausgegangen. Vor allem zwei Faktoren trugen zur Verschärfung der Spannungen bei:

- Mit einem gewaltigen Bewässerungsprojekt lenkten die Israelis Wasser vom Oberlauf des Jordan auf ihr Gebiet, zum Nachteil und gegen den starken Protest der Araber.
- Innenpolitische Schwierigkeiten und Zwistigkeiten zwischen den arabischen Staaten wurden vielfach durch eine besonders furchterregende Kriegshetze gegen Israel kaschiert.

Im Mai/Juni 1967 erreichten die Spannungen ihre Höhepunkt. Ägypten verhängte eine neuerliche Blockade über den Hafen Eilat, verfügte den Abzug der UNO-Trup-

Karte 6: Israel seit 1967

Aus der Resolution 242 des UN-Sicherheitsrates:

Der Sicherheitsrat gibt seiner andauernden Beunruhigung über die ernste Lage im Nahen Osten Ausdruck und unterstreicht, dass es nicht angeht, Territorium durch Krieg zu erobern, und dass es nötig ist, für einen gerechten und dauernden Frieden zu wirken, der es jedem Staat der Region erlaubt, in Sicherheit zu leben.

(...)

1. Er bekräftigt ... die Anwendung der beiden folgenden Prinzipien ...:

a) Rückzug israelischer Streitkräfte aus (den) während des jüngsten Konflikts besetzten Gebieten,

b) ... Respektierung und Anerkennung der territorialen Integrität und der politischen Unabhängigkeit jeglichen Staates der Region und dessen Recht, in Frieden innerhalb sicherer und anerkannter Grenzen frei von Drohungen oder Gewaltakten zu leben.

2. Er stellt im weiteren die Notwendigkeit fest:

(...)

b) eine gerechte Regelung des Flüchtlingsproblems zu verwirklichen, ...

pen aus dem Sinai und ließ Truppen aufmarschieren. In Israel wurde angesichts der arabischen Kriegspropaganda ein All-Parteien-Kabinett gebildet.
Trotz der Warnung des französischen Staatspräsidenten de Gaulle, in dieser spannungsgeladenen Atmosphäre mache sich der zum Aggressor, der den ersten Schuss abgebe, entschloss sich Israel – mit amerikanischer Rückendeckung – am 5. Juni 1967 anzugreifen, um nicht das Risiko eines arabischen Angriffs einzugehen.

Innerhalb weniger Tage erreichte Israel aufgrund des hervorragend geplanten und durchgeführten Überraschungsangriffs große territoriale Gewinne: Israelische Truppen hatten den Jordan und den Suez-Kanal erreicht, die Golanhöhen, ganz Jerusalem und den Gaza-Streifen besetzt

Doch hatte die militärische Niederlage der Araber nicht die

politischen Folgen, die sich Israel erhofft hatte. Dieser Krieg stärkte die Einigkeit der arabischen Staaten und schwächte den westlichen Einfluss in dieser Region noch mehr. Die arabischen Staaten waren angesichts der Besetzung großer Gebiete weniger denn je zu Verhandlungen über die Anerkennung Israels bereit. Auf der Tagung der Arabischen Liga im September 1967 in Khartoum beschlossen sie ihr dreifaches Nein: „Nein zur Anerkennung Israels! Nein zu Verhandlungen! Nein zu einem Friedensvertrag!"

Der Sicherheitsrat der Vereinten Nationen verabschiedete am 22. November 1967 eine Resolution (Nr. 242), die die Grundzüge einer anzustrebenden Friedensregelung aufzeigen sollte. In der französischen und spanischen Fassung dieser Resolution lautet Punkt 1: „Rückzug der israelischen Streitkräfte aus den Gebieten, die ... besetzt wurden." Während sich die arabischen Staaten auf diese Fassung stützten, halten die Israelis die englische Version für maßgeblich: „Rückzug aus Gebieten, die ... besetzt wurden" (ohne den bestimmten Artikel).

Durch die Besetzung weiterer arabischer Gebiete waren im Sechs-Tage-Krieg 250.000 bis 300.000 Palästinenser zu Flüchtlingen geworden, viele zum zweiten Mal. Zudem hatte die Niederlage der vereinten arabischen Armeen den Palästinensern vor Augen geführt, dass ihre Ziele – Rückgängigmachung der als „historisches Unrecht" empfundenen Gründung Israels; Rückkehr in ihre Heimat – durch die arabischen Staaten auf militärischem Wege nicht erreichbar sein würden.

Die Palästinensische Befreiungsbewegung

In dieser Situation erfolgte der Aufstieg der PLO zu einem der in der Folgezeit wichtigsten Faktoren der nahöstlichen Politik. War die Palästinensische Befreiungsorganisation PLO 1964 in Ost-Jerusalem noch unter der Ägide Nassers als palästinensische

Notablen-Vereinigung entstanden, so übernahmen nach 1967 die bewaffneten Guerillagruppen, an ihrer Spitze Jassir Arafat, die Führung. Dieser Aufstieg war in erster Linie das Ergebnis der Suche der Palästinenser nach einer Alternative zur gescheiterten, panarabischen Politik des militärischen Sieges über Israel. Genährt durch die zum Mythos übersteigerte Schlacht bei Karame in Jordanien, in der bewaffnete PLO-Kämpfer der israelischen Armee bei einer Vergeltungsaktion für Anschläge in Israel erhebliche Verluste beibringen konnten, stellt sich die PLO allerdings selber für viele Jahre als militärische Alternative dar. Nach dem Vorbild anderer Befreiungsbewegungen setzte sie ihre Hoffnung auf den Guerillakrieg („bewaffneten Kampf") als „einzige(n) Weg zur Befreiung Palästinas" (Art. 9 der Palästinensischen Nationalcharta).Konkret gelang es der PLO allerdings nicht, den angestrebten „Volkskrieg" gegen Israel zu entfesseln. Sie verstrickte sich in innerarabische Machtkämpfe und verlor deshalb ihre wichtigste Aktionsbasis in Jordanien, als sie im Bürgerkrieg mit dem Königshaus militärisch unterlag („Schwarzer September" 1970). Die PLO verlegte daraufhin ihr Hauptquartier in den Libanon; ihre Guerillaorganisationen versuchten durch spektakuläre Terroraktionen (Flugzeugentführungen; Geiselnahmen wie bei den Olympischen Spielen 1972 in München; Anschläge in Israel) die Aufmerksamkeit der Weltöffentlichkeit auf das Schicksal der Palästinenser zu lenken.

Zum politischen Faktor wurde die PLO in den 1970er- und 1980er-Jahren, als sie als Dachorganisation der verschiedenen palästinensischen Widerstandsgruppen und nationalen Organisationen zunehmend Anerkennung fand. So umstritten sie war: Sie verkörperte den palästinensischen Anspruch auf ein nationales Selbstbestimmungsrecht. War Arafat für die einen der Führer einer Terrororganisation, so sahen andere ihn als Staatsmann.

Die PLO genoss die Unterstützung der überwältigenden Mehrheit der Palästinenser. Alle Versuche, alternative Organisationen oder eine andere Führung der Palästinenser aufzubauen, scheiterten. Dies bedeutete keineswegs immer die kritiklose

Unterstützung der Politik der PLO, die eben keine Partei ist, sondern eine Dachorganisation verschiedener Gruppierungen und Organisationen unterschiedlicher politischer und ideologischer Richtungen. Auch wenn interne Diskussionen und zum Teil blutige Auseinandersetzungen bei existenziellen Fragen immer wieder das Bild der PLO bei uns geprägt haben, so muss berücksichtigt werden, dass unter diesem Dach verschiedene Organisationen – mit wechselndem Erfolg – um die Durchsetzung ihrer politischen Vorstellungen kämpften: Mal setzte sich die eine in entscheidenden Fragen durch – was zeitweise zur Spaltung führte, mal wurde um der Einheit willen ein Kompromiss geschlossen – was auf Kosten der Klarheit der politischen Aussage ging.

Die PLO verstand sich immer als Vertreterin des gesamten palästinensischen Volkes, d.h. der Palästinenser in den Flüchtlingslagern, den in alle Welt emigrierten Exil-Palästinensern und auch der palästinensischen Bevölkerung unter der israelischen Besatzung. Kämpften die einen für die Befreiung von der israelischen Okkupation, d.h. von politischer Unterdrückung und ökonomischer Strangulation, so forderten die anderen die Rückkehr in ihre palästinensischen Heimatdörfer, was faktisch die Zerstörung Israels bedeutet hätte.

Zur Komplexität der palästinensischen Entwicklung trugen zwei weitere Faktoren bei: die Einbettung Palästinas in den arabischen Lebensraum und die geostrategische Bedeutung des Konfliktgebietes im Machtpoker um regionale Hegemonie. Beide Faktoren haben in unterschiedlicher Weise zu unterschiedlichen Zeiten den Konflikt und damit auch die Entwicklung des palästinensisch-arabischen Nationalismus beeinflusst. So wurde die israelisch-palästinensische Auseinandersetzung z.B. von den Supermächten in Zeiten des Ost-West-Gegensatzes ebenso instrumentalisiert wie von einzelnen arabischen Staaten aus jeweils innerstaatlichen oder innerarabischen Gründen. Aber auch Israelis und Palästinenser haben immer wieder versucht, diese außerregionalen Konfliktkonstellationen für ihre jeweiligen

Zwecke zu nutzen. In ihrer ideologischen Ausprägung und praktischen Politik wurde gerade die Palästinensische Befreiungsbewegung durch diese Verhältnisse nicht unwesentlich geformt.

Unter den Bedingungen der palästinensischen Lager in den arabischen Staaten und der Jahrzehnte währenden israelischen Besatzung von Westbank und Gaza-Streifen erlebte die palästinensische Nationalbewegung im Kontext der regionalen und globalen Kräfteverhältnisse eine spezifische Entwicklung. Sich zwar als Teil der arabischen Nationalbewegung verstehend, verkörpert die Palästinensische Befreiungsbewegung den nationalen Anspruch auf ein kleines Land, dessen Grenzen am besten mit dem „historischen Mandatsgebiet Palästina“ (1922-1947) umschrieben werden. Die politische Bedeutung dieser Entwicklung eines spezifischen Nationalbewusstseins unter den Palästinensern liegt in den realpolitischen Forderungen, die sich im Hinblick auf eine friedliche Lösung des Palästinakonfliktes ergaben, d.h.

a) Anerkennung der Existenz eines palästinensischen Volkes – nicht nur einer Flüchtlingsbewegung ;

b) Anerkennung eines nationalen Selbstbestimmungsrechts dieses Volkes in seiner Heimat – nicht nur eines Rechts auf Rückkehr ;

c) Anerkennung der Tatsache, dass die Palästinenser über ihre Zukunft selbst (mit-)entscheiden wollen – nicht durch die Stellvertretung anderer.

Inwieweit das nationale Selbstbestimmungsrecht der Palästinenser in einem eigenen unabhängigen Staat seinen Ausdruck finden und die Wahrnehmung dieser Rechte durch die PLO erfolgen muss, war unter den Palästinensern durchaus umstritten. Faktum ist, dass sich in den 1970er- und 1980er-Jahren die PLO als organisatorischer Ausdruck dieser Bewegung herauskristallisiert und die Konzeption eines eigenen unabhängigen palästinensischen Staates neben Israel – das so genannte Teilstaatskonzept oder Zwei-Staaten-Theorie – entwickelt hat. Die realpolitische Bedeutung dieser Entwicklung manifestiert sich in den von der PLO vertretenen Konzepten: Forderte man zunächst die schlichte Vertreibung der nach 1917 (Balfour-Deklaration) eingewanderten Juden, so prägte dann lange Zeit die Vorstellung eines demokratisch-säkularen Staates in ganz Palästina für Juden, Christen und Muslime die Ziele der PLO. Schon 1974 bekannte sich die PLO quasi zu einer Teilstaatslösung, indem sie sich für „die Errichtung einer kämpferischen unabhängigen nationalen Autorität in jedem Teil Palästinas, der befreit wird," aussprach. Zu der Entwicklung gehört auch, dass der für die Erreichung der palästinensischen nationalen Aspirationen anfänglich in der National-Charta (1968) als „einzig mögliche Weg angesehene bewaffnete Kampf" zugunsten einer politischen Verhandlungslösung immer mehr in den Hintergrund getreten ist.

Trotz dieser Mehrheitslinie der PLO und trotz der weltweiten Anerkennung schaffte es die PLO nicht, als stabiler politischer Faktor in die diplomatischen Konfliktregelungsversuche eingebunden zu werden. Terroranschläge verschiedener palästinensischer Gruppen und das Lavieren zwischen radikalen und gemäßigten Kräften unterminierten die politische Glaubwürdigkeit der palästinensischen Organisation. Immer wieder wurden auch die PLO und die Palästinenser zum Spielball arabischer Interessen. Wesentlich jedoch war die Weigerung Israels (und der USA), die Legitimität des palästinensischen Strebens nach nationaler Selbstbestimmung zu akzeptieren. Die Politik Israels in den besetzten Gebieten war geprägt von einer schleichenden Annexion. Immer weniger zeigte die israelische Regierung die ernsthafte Bereitschaft, über die Zukunft der Westbank und des Gaza-Streifens zu verhandeln. Die zaghafte und immer wieder nur in diplomatisch gewundenen Formulierungen erklärte Bereitschaft der PLO, sich mit einem palästinensischen Teilstaat neben Israel zufrieden zu geben, bedeutete eine Gefährdung des jüdisch-israelischen Anspruches auf das gesamte Land. Die Bezeichnung des palästinensischen Teilstaatskonzeptes als Stufenplan, d.h. Errichtung eines palästinensischen Staates neben Israel nur als Etappe auf dem Weg bis zur endgültigen „Befreiung Palästinas", wurde vor allem von Israel immer wieder als Begründung für die Verweigerung von Verhandlungen herangezogen.

Ihren vorläufig größten diplomatischen Erfolg erzielte die PLO, als ihr Vorsitzender Arafat 1974 vor der UN-Vollversammlung eine Rede hielt und die PLO in einer Resolution der Vollversammlung als „Repräsentantin des palästinensischen Volkes" anerkannt wurde. Die Folgejahre waren von einer wachsenden Anerkennung der PLO in aller Welt geprägt.

Der Oktober-Krieg (1973)

Die Jahre nach 1967 waren durch den Abnutzungskrieg zwischen Israel und Ägypten am Suez-Kanal, aber auch durch verschiedene Versuche gekennzeichnet, im Nahen Osten einem Frieden näher zu kommen. Verschiedene Initiativen, wie die Friedensmission des UN-Sonderbeauftragten Jarring (1969) oder der Allon-Plan (1973) brachten jedoch keine Annäherung der Konfliktparteien.

Bei den Arabern verstärkte sich der Eindruck, dass Israel nicht bereit sei, sich aus den Gebieten zurückzuziehen, die es seit Jahren trotz internationaler Appelle und Verurteilungen besetzt hielt – zumal es in den Gebieten jüdische Siedlungen anlegte. Hinzu kam, dass Signale des ägyptischen Präsidenten Sadat, die Verhandlungsbereitschaft andeuteten, weder in Israel noch in den USA ernstgenommen wurden.

Völlig überraschend griffen Ägypten und Syrien am Jom Kippur 1973 (dem Versöhnungstag, dem höchsten jüdischen Feiertag, an dem das gesamte „öffentliche Leben ruht") Israel an. Weil der israelische Geheimdienst die Absichten des Gegners falsch eingeschätzt hatte und Israels Armee völlig unvorbereitet war, erzielten die arabischen Armeen zunächst beträchtliche

Erfolge: Den Ägyptern gelang es, die in Israel für unüberwindbar gehaltenen Befestigungsanlagen am Suezkanal (Bar-Lev-Linie) zu stürmen; die Syrer gelangten bis kurz vor Tiberias. Erst, als die amerikanischen Nachschublieferungen anliefen, gewannen die Israelis wieder militärisch die Oberhand, so dass nur ein von den USA durchgesetzter Waffenstillstand eine weitere demoralisierende Niederlage der arabischen Armeen verhindern konnte. Der Mythos von der israelischen Unbesiegbarkeit war durch die arabischen Anfangserfolge jedoch erschüttert. Militärisch gab es weder Sieger noch Besiegte.

Die arabischen Staaten hatten aber ihr politisches Kriegsziel erreicht: Nicht zuletzt durch die Verhängung eines Ölboykotts über die westlichen Staaten unterstrichen sie ihre wirtschaftliche und politische Bedeutung. Das Interesse der westlichen Welt, das Pulverfass Nahost endlich zu entschärfen, wuchs. Besonders die ägyptische Politik der „offenen Tür", das heißt der Neuorientierung Ägyptens zu den westlichen Ländern, ermöglichte es den USA, zwischen den arabischen Staaten und Israel die Rolle eines Vermittlers zu spielen. US-Außenminister Kissinger gelang es durch seine so genannte Pendeldiplomatie, Truppenentflechtungsabkommen herbeizuführen, die zu einer militärischen Entspannung an den arabisch-israelischen Grenzen führten. Im Dezember 1973 wurde die Genfer Friedenskonferenz, die nach Jahrzehnten Araber und Israelis am Konferenztisch unter der Schirmherrschaft der USA und der UdSSR zusammenführte, eröffnet, doch eine dauerhafte Friedensregelung für den Nahen Osten kam nicht zustande.

Das Abkommen von Camp David

Nach den Wahlen 1977 wurde erstmals die seit Staatsgründung ununterbrochen regierende Arbeitspartei von einer bürgerlichen Regierung unter Führung des Likudblocks abgelöst. Zum neuen Ministerpräsidenten wurde Menachem Begin gewählt. Damit veränderte sich vor allem die Politik Israels im Blick auf die 1967 eroberte Westbank.

Bisher waren die besetzten Gebiete als Faustpfand für Friedensverhandlungen mit den arabischen Staaten betrachtet worden. Nur entlang des Jordanufers, im Großraum Jerusalem und im Etzion-Block bei Hebron waren strategische Siedlungen angelegt worden, die durch die im Allon-Plan angestrebten Grenzkorrekturen vorgegeben waren.

Die dicht besiedelten Kerngebiete dagegen waren ausgespart worden, weil man hoffte, im Austausch gegen sie zu einer Friedensregelung mit Jordanien gelangen zu können. Im Rahmen dieser Sicherheitsdoktrin wurden auch die Siedlungen auf den Golanhöhen, an der Grenze zwischen dem Gaza-Streifen und Ägypten sowie entlang der Ostküste der Sinai-Halbinsel angelegt.

Die neue Regierung dagegen verstand gerade die Westbank als das historische Kernland des jüdischen Volkes (Judäa und Samaria), das nicht besetzt, sondern befreit worden sei. Sie förderte daher den Siedlungsbau gerade in diesen dicht besiedelten Gebieten, mit dem erklärten Ziel, eine jüdische Bevölkerungsmehrheit zu erreichen, um sie dem israelischen Staatsgebiet einverleiben zu können.

In dieser Situation erklärte der ägyptische Präsident Sadat sensationell seine Bereitschaft, mit Israel Frieden zu schließen. Vom 19. bis 21. November 1977 reiste er als erster arabischer Staatsführer nach Jerusalem. Aus seiner Initiative entwickelte sich ein Verhandlungsprozess zwischen Ägypten und Israel unter Vermittlung der USA, der am 17. September 1978 zum Abschluss des Camp-David-Abkommens (benannt nach dem Urlaubsort des amerikanischen Präsidenten Carter, wo die Abmachungen endgültig ausgehandelt wurden) führte.

Das Abkommen enthält zwei Elemente: Einerseits eine Vereinbarung zwischen Israel und Ägypten, nach der Israel sich dazu verpflichtete, die Sinai-Halbinsel in zwei Etappen bis Frühjahr 1982 zu räumen; im Gegenzug erkannte Ägypten Israel an

Karte 7: Rückgabe des Sinai an Ägypten, April 1982

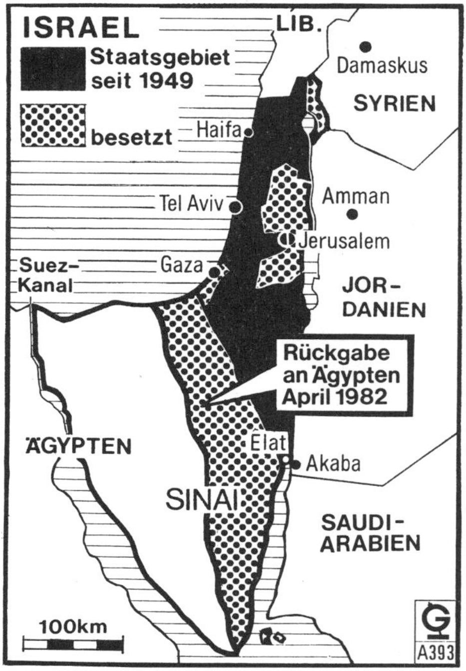

und nahm volle diplomatische Beziehungen auf. Zum anderen ein so genanntes Rahmenabkommen, in dem Verhandlungen zwischen Israel, Ägypten, Jordanien und „Vertretern des Palästinensischen Volkes" über eine Autonomieregelung für Westbank und Gaza-Streifen vorgesehen wurden. Die Vereinbarung zwischen Israel und Ägypten traten planmäßig in Kraft:

Im April 1982 hatte Israel den gesamten Sinai geräumt. Besonders schmerzlich für die regierende Koalition war dabei, dass auch die Siedlung Jamit an der Grenze zwischen Ägypten und dem Gaza-Streifen geräumt wurde, wobei der passive Widerstand nationalistischer Siedler von der israelischen Armee gebrochen werden musste. (Bezeichnend war, dass im israelischen Parlament nur aufgrund der Zustimmung der oppositionellen Parteien eine Mehrheit für das Abkommen zustande kam.) Das Rahmenabkommen über die Zukunft der Westbank und des Gaza-Streifens dagegen wurde nicht umgesetzt, weil die

Autonomie von den Palästinensern als unannehmbar abgelehnt wurde.
Wie weit der Weg zu einer umfassenden Friedenslösung aber trotz dieses historischen Durchbruchs noch war, wurde nicht zuletzt daran deutlich, dass Ägypten wegen des Separatfriedens mit Israel aus der Arabischen Liga ausgeschlossen wurde. Die USA kompensierten die Isolation Ägyptens in der arabischen Welt dadurch, dass Ägypten seither nach Israel der Empfänger der bedeutendsten Wirtschafts- und Militärhilfe der USA ist.

Aus dem „Rahmenwerk für den Frieden im Nahen Osten" von Camp David, September 1978:

(...)

1. Ägypten, Israel, Jordanien und die Vertreter des palästinensischen Volkes sollten an Verhandlungen über die Lösung des Palästinenser-Problems in allen seinen Aspekten teilnehmen.

(...)

Die Verhandlungen sollen auf allen Bestimmungen und Prinzipien der UN-Sicherheitsratsresolution 242 basieren. In diesen Verhandlungen wird neben anderen Dingen über den Grenzverlauf und die Art der Sicherheitsvereinbarungen entschieden. Das Ergebnis der Verhandlungen muss auch die legitimen Rechte des palästinensischen Volkes und seiner gerechtfertigten Bedürfnisse anerkennen.

Der Libanon-Krieg (1982)

Nach der Vertreibung aus Jordanien (1970) hatte die PLO sich im Libanon eine neue Machtbasis geschaffen. Insbesondere nach dem Auseinanderfallen des libanesischen Staates im Bürgerkrieg seit 1975 war es ihr gelungen, im Süden des Landes an der Grenze zu Israel einen „Staat im Staat" zu etablieren. Doch waren die Bestrebungen der Palästinenser nach Rückkehr in ihre Heimat und Errichtung eines eigenen Staates der Verwirklichung keinen Schritt näher gekommen. Nach dem Camp-David-Abkommen sah die PLO sich vollends ins Abseits gestellt, hatte Präsident Sadat doch einer Formulierung im Rahmenabkommen zugestimmt, die die PLO als Vertreterin der Palästinenser absichtsvoll unerwähnt ließ.

Durch verstärkte Artillerieangriffe auf Städte und Siedlungen im Norden Israels in den Jahren 1980/81 versuchte die PLO, sich auf das diplomatische Parkett zurückzubomben. Scheinbar war diese Strategie auch von Erfolg gekrönt, denn im Sommer 1981 kam es durch die Vermittlung des amerikanischen Sonderbeauftragten Philip Habib zu einer stillschweigenden Übereinkunft über eine Waffenruhe zwischen Israel und der PLO.

Doch nutzte die israelische Regierung – mit Verteidigungsminister Ariel Scharon als treibender Kraft – die Feuerpause zur Vorbereitung der endgültigen Ausschaltung der PLO. Kurz nach Abschluss des Camp-David-Prozesses (Abzug der israelischen Truppen vom Sinai; Normalisierung der Beziehungen mit Ägypten), am 6. Juni 1982, marschierte die israelische Armee in den Libanon ein. Als Vorwand diente ein Anschlag auf den israelischen Botschafter in London, Schlomo Argov, durch ein Kommando des aus der PLO ausgeschlossenen Abu Nidal.

Zunächst deklarierte die Regierung als Ziel, die PLO-Kämpfer aus der 40 km breiten Zone bis zum Litani-Fluss vertreiben zu wollen. Auf diese Weise erreichte sie die Zustimmung der Opposition zu der Militäraktion. Doch machten die Truppen am Litani nicht halt, sondern drangen rasch bis nach Beirut vor. Damit wurde die Absicht der Operation deutlich: Völlige Zerschlagung der PLO und Einsetzung eines israelfreundlichen Regimes im Libanon. Damit wären zwei strategische Ziele erreicht worden: Befriedung der nördlichen Landesgrenze („Frieden für Galiläa“ – so der euphemistische Name der Militäroperation) und Ausschaltung der nationalen Repräsentation des palästinensischen Volkes.

Drei Faktoren brachten diesen Plan jedoch zum Scheitern:

- Der Versuch, die in West-Beirut verschanzte PLO durch Bombardierung der Stadt zu liquidieren. Um das Bombardement zu beenden, übte die amerikanische Regierung Druck auf Israel aus, so dass die PLO unter Führung Arafats nach Tunis abziehen konnte. Damit verlor die PLO zwar ihre letzte Basis für direkte Angriffe auf Israel, blieb jedoch als bestimmender politischer Faktor auf palästinensischer Seite ungebrochen.
- Die Ermordung des von Israel protegierten neuen libanesischen Präsidenten Bashir Gemayel. Sein Bruder und Nachfolger Amin orientierte sich auf Syrien hin. Die Neuordnung des Libanon im israelischen Interesse war damit gescheitert.
- Vor allem aber die innerisraelische Opposition. Sobald deutlich wurde, dass das Kriegsziel jenseits der 40 km bis zum Litani lag, kam es Massendemonstrationen gegen die Regierung, noch während die Armee im Krieg kämpfte. Den Höhepunkt erreichte die Oppositionsbewegung nach dem Massaker, das Kämpfer der Phalange-Milizen von Bashir Gemayel unter israelischer Duldung in den Beiruter Palästinenserlagern Sabra und Schatila verübten. Unter dem Eindruck der Demonstration von 400.000 Menschen setzte die israelische Regierung eine Untersuchungskommission ein, deren Ergebnisse dazu führten, dass Verteidigungsminister Scharon, der Architekt des Libanon-Krieges, von seinem Amt zurücktreten musste.

Unwillig, ihr Scheitern einzugestehen, verweigerte die israelische Regierung bis 1984 den Rückzug. Nach den Knesset-Wahlen 1984, die ein Patt zwischen Likud und Arbeitspartei brachten, wurde eine Regierung der nationalen Einheit gebildet. Für die ersten zwei Jahre der Legislaturperiode wurde Schimon Peres, Vorsitzender der Arbeitspartei, Ministerpräsident; erst unter seiner Führung kam es 1985 zum Rückzug der israelischen Armee aus dem Libanon, wobei Israel jedoch die Kontrolle über eine 15 km tiefe „Sicherheitszone“ an der Grenze beanspruchte, um Angriffe auf den Norden des Landes zu unterbinden.

Die Intifada

In die zweijährige Amtszeit von Peres als Ministerpräsident fiel auch der bis dahin ernsthafteste israelische Vorstoß zu einer Friedensregelung. In Sondierungsgesprächen mit König Hussein von Jordanien, König Hassan von Marokko und Ägyptens Präsident Mubarak versuchte Peres die Möglichkeiten einer internationalen Friedenskonferenz auszuloten, auf der auch die Zukunft der 1967 besetzten Gebiete geklärt werden sollte. Nach der turnusgemäßen Übergabe der Ministerpräsidentschaft an Jitzhak Schamir vom Koalitionspartner Likud 1986 verliefen diese Bemühungen jedoch im Sande. Schamir setzte vielmehr die Siedlungstätigkeit in der Westbank fort.

Den Palästinensern bot sich somit im Jahre 1987 keine Aussicht auf eine Veränderung ihrer Situation auf diplomatischem Wege. Ein Ende der Siedlungsaktivitäten und der schleichenden Annexion war nicht abzusehen. Hinzu kam, dass die PLO und vor allem ihre stärkste Gruppierung, die Al-Fatah Jassir Arafats, durch interne Auseinandersetzungen geschwächt worden war und ebenfalls kein tragfähiges Konzept für eine Verbesserung der Situation der Palästinenser hatte. Die Aussichtslosigkeit ihrer Lage verdeutlichte die arabische Gipfelkonferenz im September 1987 in Amman, auf der die Palästinafrage auf der Tagesordnung unter ferner liefen abgehandelt wurde.

Ein banaler Anlass löste in dieser Situation am 9. Dezember 1987 den palästinensischen Volksaufstand („Intifada") aus: Ein Autounfall am Tag zuvor, bei dem vier Palästinenser getötet wurden, und den man für einen Racheakt für die Ermordung eines Israeli am 6. Dezember in Gaza hielt, löste Demonstrationen und Zusammenstöße mit dem israelischen Militär aus, wie es sie in diesem Ausmaß und dieser Heftigkeit an so vielen Orten gleichzeitig zuvor nicht gegeben hatte.

Die israelische Armee konnte trotz brachialer Methoden (besonders berüchtigt: der Befehl von Verteidigungsminister

Rabin, Steinewerfern die Knochen zu brechen) die Ruhe nicht wiederherstellen. Vielmehr gelang es den politischen Untergrundgruppierungen sehr schnell, dem Widerstand eine organisierte Form zu geben: Durch wöchentliche Flugblätter der Vereinigten Nationalen Führung der Intifada wurde festgelegt, an welchen Tagen und zu welchen Zeiten Geschäfte schlossen und öffneten. Orte und Zeitpunkte von Demonstrationen wurden angesetzt und der Boykott israelischer Institutionen und Waren koordiniert. Es bildeten sich Untergrundstrukturen heraus, um z.B. den Unterricht der von Israel geschlossenen Schulen und Universitäten weiterzuführen sowie soziale und medizinische Dienste aufrechtzuerhalten. Durch die Intifada gelang es den Palästinensern nicht nur, die Aufmerksamkeit der Weltöffentlichkeit wieder auf die nahöstliche Region zu lenken, sondern große Sympathie für ihre Lage zu wecken. Die brutale Unterdrückung des Aufstandes durch die israelische Besatzungsmacht ließ eine politische Regelung des Konfliktes immer dringlicher erscheinen, die die legitimen Rechte der Palästinenser berücksichtigt.

Die sich verschärfende Situation in den besetzten Gebieten führte auch zu einer Polarisierung in der politischen Landschaft Israels. Die lange Zeit weit gehend marginalisierten außerparlamentarischen Gruppierungen und kleinen Parteien, die sich zum Teil seit den 1970er-Jahren für eine friedliche Regelung des Konflikts, den Dialog mit der PLO und für eine Anerkennung des palästinensischen Selbstbestimmungsrechts eingesetzt und die Besatzungspolitik Israels heftig kritisiert hatten, gewannen an Unterstützung. Immer mehr Israelis – auch in den etablierten Parteien – forderten politische Initiativen und den Rückzug Israels aus den palästinensischen Gebieten, um den Besatzungszustand zu beenden. Doch gelang es diesem sehr zersplitterten „Friedenslager“, zu dem von kommunistischen über linksliberale bis zu der Arbeitspartei nahe stehenden Gruppierungen sehr unterschiedlicher ideologischer Ausrichtungen zu zählen sind, nicht, sich als eine politische Kraft zu formieren.

Die PLO war von der Intensität und Dauer des Aufstandes ebenso überrascht worden wie Israel und die internationale Öffentlichkeit. Unter dem Eindruck der Aktivitäten der politischen Organisationen in den besetzten Gebieten versuchte sie, die Erfolge des anhaltenden Aufstandes auf der politisch-diplomatischen Bühne für Initiativen zu nutzen: Auf der Tagung des Palästinensischen Nationalrats in Algier im November 1988 wurde der Staat Palästina auf Grundlage der UNO-Teilungsresolution von 1947 ausgerufen und der Verzicht auf Terrorismus erklärt. Damit war Israel implizit anerkannt worden; die PLO proklamierte als Ziel eindeutig die Beendigung der Besetzung von Westbank und Gaza-Streifen, um dort den ausgerufenen Staat auch faktisch etablieren zu können. Dies veranlasste die USA dazu, erstmals direkte Gespräche mit der PLO aufzunehmen, und machte die PLO zu einem unverzichtbaren Faktor jeder Friedensregelung im Nahen Osten.

Aus der „Unabhängigkeitserklärung des Staate Palästina“, Algier, 15.11.1988:

„Trotz der historischen Ungerechtigkeit, die dem palästinensisch-arabischen Volk widerfuhr und die dazu führte, dass es zerstreut und seines Rechtes auf Selbstbestimmung beraubt wurde, gefolgt von der Teilung Palästinas in zwei Staaten, einen arabischen und einen jüdischen, stellt die UN-Resolution 181 (1947) entsprechend der internationalen Legitimität das Recht des palästinensisch-arabischen Volkes auf Souveränität und nationale Selbstbestimmung sicher.“

Mit der Proklamation eines palästinensischen Staates neben Israel fand die Entwicklung einer Palästinisierung des Konfliktes ihren Höhepunkt. Die Beschlüsse des Palästinensischen Nationalrates von Algier 1988 stellen insofern einen Meilenstein in der palästinensischen Geschichte dar, als sich in der Anerkennung der UN-Resolution von 1947 nicht nur die implizite Anerkennung des Existenzrechtes Israels und damit die Aufgabe eines palästinensischen Exklusivitätsanspruches auf das Land manifestiert, sondern auch die Erkenntnis der Palästinenser, dass ein Frieden in der Region nur durch eine Teilung des Landes in einen israelisch-jüdischen und palästinensisch-arabischen Staat möglich ist. Aber auch international waren die Beschlüsse von großer Tragweite, denn in den Schmerz über den nicht zuletzt aufgrund realpolitischer Zwänge erklärten Verzicht auf die „Hälfte des Heimatlandes“ und die Freude über den neu gegründeten Staat in „Restpalästina“ mischte sich die Hoffnung auf internationale Anerkennung und Beteiligung an einem Verhandlungsprozess. Gerade diese Hoffnung wurde jedoch bitter enttäuscht. Die in Algier 1988 gestartete palästinensische Friedensinitiative sollte im Sande verlaufen.

Die israelische Regierung unter Ministerpräsident Schamir versuchte die diplomatische Initiative zurückzugewinnen, indem sie ihrerseits einen Plan für die Zukunft der besetzten Gebiete vorlegte: Der Schamir-Plan sah Wahlen in „Judäa, Samaria und dem Gaza-Distrikt“ vor, in denen Vertreter für Verhandlungen über die Zukunft der besetzten Gebiete ermittelt werden sollten. Der Sinn des Schamir-Plans lag u.a. darin, auf diese Weise die PLO vom Verhandlungstisch fernzuhalten. Über der Frage, ob bei den vorgesehenen Wahlen von der PLO autorisierte Kandidaten aufgestellt werden dürften, zerbrach im April 1990 denn auch die 1988 neu aufgelegte Regierung der nationalen Einheit. Die danach gebildete Koalition des Likud mit religiösen und nationalistischen Parteien forcierte nunmehr ungebremst von der Arbeitspartei die Siedlungsanstrengungen und torpedierte alle Verhandlungsbemühungen.

Der 2. Golfkrieg

Am 2. August 1990 besetzte die irakische Armee Kuwait und löste damit die Golfkrise und in deren Konsequenz den 2. Golfkrieg aus. (Als 1. Golfkrieg wird der vom Irak gegen den Iran begonnene Krieg 1980-1988 bezeichnet.)

Aufgrund der neuen weltpolitischen Konstellation nach dem Ende des „Kalten Krieges“ – der zugleich das Ende der Spaltung der arabischen Welt entlang der Blockloyalitäten bedeutete – gelang es, in der UNO eine breite Allianz der Weltmächte unter Einschluss fast aller arabischen Staaten einschließlich Syriens gegen die irakische Aggression zu bilden. Als der Irak keine Anzeichen erkennen ließ, der Resolution 660 des UN-Sicherheitsrates mit der Forderung nach Abzug aus Kuwait Folge zu leisten, setzte die alliierte Koalition für den 16. Januar 1991 ein Ultimatum, nach dessen Verstreichen die militärische Aktion zur Befreiung Kuwaits begann, die am 28. Februar mit der Annahme der UN-Resolution durch den Irak in einem Waffenstillstand endete.

Obwohl vom Konfliktgebiet über 1.000 km entfernt, wurde Israel in den Konflikt hineingezogen:

- Schon im April 1990 hatte Iraks Präsident Saddam Hussein Israel mit dem Einsatz von chemischen Massenvernichtungsmitteln gedroht.
- Die Erfüllung der Resolution 660 band Saddam Hussein an die Erfüllung der UNO-Resolution 242 und verknüpfte somit seine vorgebliche Bereitschaft zum Rückzug aus Kuwait mit einem israelischen Abzug aus den 1967 besetzten Gebieten („Junktim“).
- Während der Kampfhandlungen wurden insgesamt 38 irakische Mittelstreckenraketen auf Israel abgeschossen. Zwar trugen sie „nur“ konventionelle Sprengköpfe, so dass sich der materielle Schaden in Grenzen hielt. Traumatisierend auf die israelische Gesellschaft wirkte sich jedoch aus, dass man sich einer neuartigen Bedrohung gegenüber sah, der gegenüber die militärischen Mittel sehr beschränkt waren – zumal der israelischen Armee durch den Druck der USA wegen der Sorge um den Zusammenhalt der Golfkriegsallianz faktisch die Hände gebunden waren; dass die angedrohten Chemiewaffen in von

Deutschen konstruierten Fabriken produziert wurden, und die Raketen erst durch technische Hilfe deutscher Firmen auf die notwendige Reichweite kamen, um Israel angreifen zu können, während zugleich in Deutschland die größten Anti-Kriegs-Demonstrationen stattfanden, verband die Situation der eigenen Wehr- und Tatenlosigkeit mit der historischen Erinnerung an die Wehrlosigkeit der europäischen Juden gegenüber der Massenvernichtung in den Gaskammern.

– Das strategische Kalkül hinter den irakischen Raketenangriffen war denn wohl auch weniger ein militärisches, als ein diplomatisches: Die erwarteten Gegenschläge der israelischen Luftwaffe würden die arabischen Länder aus der antiirakischen Koalition herausbrechen. Doch verzichtete Israel auf militärische Gegenschläge, um die Koalition nicht zu gefährden. Durch seine Haltung gewann Israel insbesondere im Westen eine Menge von dem Ansehen zurück, das ihm seit Beginn der Intifada verloren gegangen war.

Auch die Palästinenser blieben von dem Kuwait-Konflikt nicht unberührt:

– Ein Versuch Arafats, zwischen Saddam Hussein und der Arabischen Liga zu vermitteln, um eine innerarabische Konfliktlösung herbeizuführen, misslang gründlich. Die PLO stand schließlich als einer der letzten Verbündeten des irakischen Aggressors da.
– Nach Saddam Husseins Junktim zwischen Kuwait- und Palästina-Frage setzten viele Palästinenser in völliger Verkennung der Kräftekonstellation auf einen Sieg des Irak, von dem sie sich eine Lösung ihres Problems erhofften. Zum Teil lässt sich diese Parteinahme mit der Frustration der Palästinenser erklären, nachdem fast drei Jahre Intifada ihre Situation nicht verändert hatten und die Bildung der Koalition aus Nationalisten und Religiösen in Israel keine Hoffnung auf baldige diplomatische Fortschritte ließ.

- Die Parteinahme der PLO und der Palästinenser für den Irak veranlasste die wichtigsten Geldgeber (Saudi Arabien, Kuwait), ihre Zahlungen an die PLO einzustellen; nach den großen Sympathien, die den Palästinensern in der Intifada weltweit entgegengebracht wurden, sank ihr Ansehen international auf einen neuen Tiefpunkt.
- Nicht zuletzt hatte die militärische Ausnahmesituation, in der sich Israel aufgrund des irakischen Raketenbombardements befand, für die Palästinenser in den besetzten Gebieten wochenlange Ausgangssperren zur Folge, die die wirtschaftlich und psychologisch ohnehin schlechte Situation der Bevölkerung weiter verschärfte.

Internationale Friedenskonferenz in Madrid

Die neue weltpolitische und regionale Konstellation nach dem Ende des Kalten Krieges und nach dem 2. Golfkrieg nutzte die amerikanische Außenpolitik, um einen neuen Anlauf zur Entschärfung des israelisch-palästinensischen Konflikts zu unternehmen. In zähen Verhandlungen gelang es Außenminister James Baker, Israel und seine Nachbarstaaten zur Annahme einer Formel zu bewegen, die die Eröffnung der internationalen Friedenskonferenz im Oktober 1991 in Madrid ermöglichte. Geschäftsgrundlage der Konferenz war die Annahme der UNO-Resolution 242 von 1967.

Syrien wurden im wesentlichen zwei Zugeständnisse abverlangt:

- Aufgabe des bisherigen Bestehens auf Abzug Israels aus allen 1967 besetzten Gebieten als Vorbedingung für Verhandlungen.
- Zustimmung zu bilateralen Gesprächen mit Israel im Rahmen der internationalen Konferenzkonstruktion.

Auch Israel musste bisher festgehaltene Positionen aufgeben:

- Die Beteiligung an einer internationalen Konferenz war bislang abgelehnt worden, weil Israel befürchtete, von der Überzahl der arabischen Verhandlungsteilnehmer überstimmt zu werden.
- Israel musste eine gemeinsame jordanisch-palästinensische Delegation akzeptieren, von deren palästinensischen Vertretern klar war, dass sie den Segen der PLO hatten.

Auch die PLO konnte sich dem von den USA eingeleiteten Verhandlungsprozess nicht entziehen, wollte sie sich nicht in die endgültige Isolation treiben lassen. Nach heftigen internen Diskussionen erklärte sich die PLO zur Unterstützung des Verhandlungsprozesses bereit, obwohl sie direkt gar nicht beteiligt war. Auf der 20. Sitzung des Palästinensischen Nationalrates 1991 in Algier wurden die Beschlüsse des Nationalrates von 1988 fortgeschrieben: Die PLO gab „grünes Licht" für die Teilnahme von Palästinensern an der Konferenz und sicherte sich auf diese Weise ihren Einfluss auf die Zusammensetzung der palästinensischen Delegation und den arabischen Verhandlungskurs. Dass die PLO so den Fuß in die Tür zu den Verhandlungen bekam, hatte grundsätzliche Bedeutung, denn als Klammer zwischen der palästinensischen Bevölkerung in den besetzten Gebieten und den Palästinensern in aller Welt symbolisierte die PLO weiterhin das Fortbestehen der nationalen Dimension der Palästinafrage und damit die Antithese zur Haltung Israels, das das Schicksal der Palästinenser auf der Friedenskonferenz nur als Problem einer ethnischen Minderheit im israelischen Herrschaftsgebiet behandelt wissen wollte.

Nach dem Ansehensverlust im Golfkrieg blieb der PLO keine Wahl, als zu akzeptieren, dass

- sie nicht mit einer eigenen Delegation vertreten war;
- sie die palästinensischen Vertreter nicht offiziell bestimmen konnte und
- weder Vertreter aus Ost-Jerusalem noch aus der palästinensischen Diaspora zugelassen waren.

Allerdings wurde von palästinensischer Seite eine „Beratungsdelegation" aus Mitgliedern der palästinensischen Führungsspitze in Ost-Jerusalem (Faisal Husseini, Hanan Ashrawi u.a.) gebildet, die zwar keinerlei offizielle Rolle spielen konnte, mit der sich aber die palästinensischen Mitglieder der jordanisch-palästinensischen Delegation ständig abstimmten und die durch die Art ihres Auftretens erhebliches Medieninteresse fand und viele Sympathien für die Palästinenser zurückgewinnen konnte.

Nach der Konferenzeröffnung in Madrid waren die nächsten Schritte einerseits bilaterale Verhandlungen in Washington zwischen Israel und den Delegationen Syriens, des Libanon und der jordanisch-palästinensischen Delegation sowie andererseits die Aufnahme multilateraler Verhandlungen über Probleme wie Rüstungskontrolle, Wasser, Wirtschaftsfragen und Flüchtlinge. Bis zu den Parlamentswahlen in Israel im Juni 1992 wurden jedoch keine substanziellen Fortschritte erzielt, vor allem, weil sich in Bezug auf die Frage der Zukunft von Westbank und Gaza-Streifen keine Kompromissformel abzeichnete, sondern die Verhandlungen zwischen Israel und den Palästinensern sich in Debatten über prozedurale Differenzen erschöpften.

Neue Bewegung kam in die Verhandlungen mit der Regierungsübernahme durch Jitzchak Rabin von der Arbeitspartei. Rabin nahm im Sommer 1992 in seine Koalition auch Meretz auf, eine Listenverbindung aus drei kleineren Parteien, die seit Jahren für den Rückzug aus den besetzten Gebieten eingetreten und zum Teil aktiv an dem verbotenen Dialog mit Repräsentanten der PLO beteiligt waren. Zum ersten Mal wurde damit eine Partei, die sich als „parlamentarischer Arm" der israelischen Friedenskräfte verstand, an der Regierung beteiligt. Die israelische Regierung deutete nunmehr Konzessionsbereitschaft in Bezug auf die Golan-Höhen an und intensivierte die Verhandlungen mit den Palästinensern.

Der Durchbruch in Oslo

Während die Washingtoner Verhandlungen mit den palästinensischen Vertretern aus den besetzten Gebieten stagnierten, hatten Vertreter des israelischen Außenministeriums und der PLO unter Vermittlung des norwegischen Außenministers Holst geheime Gespräche in Norwegen aufgenommen. Bis zum Sommer 1993 führten diese Verhandlungen zur Ausarbeitung der Grundlagenerklärung, die am 13. September in Washington im Beisein von Rabin, Arafat und Amerikas Präsident Clinton unterzeichnet wurde. Vorausgegangen war dieser historischen Zeremonie ein Briefwechsel zwischen dem PLO-Vorsitzenden Arafat, in dem dieser ausdrücklich „das Recht des Staates Israel auf Existenz in Frieden und Sicherheit" anerkannte, auf „Terror und alle Art von Gewalt" verzichtete und namens der PLO erklärte, „dass die Artikel der PLO-Charta, die Israel das Recht auf Existenz absprechen, sowie die Bestimmungen der Charta, die nicht mit den Verpflichtungen dieses Schreibens übereinstimmen, nicht mehr angewandt werden und nicht länger gültig sind". Die PLO verpflichtet sich, dem Palästinensischen Nationalrat die erforderlichen „Änderungen der PLO-Charta zwecks offizieller Billigung vorzulegen."

Im Gegenzug erkannte Rabin „die PLO als die Vertretung des palästinensischen Volkes" an. Die Grundlagenerklärung sah vor:

- Den Abzug Israels zunächst aus dem Gaza-Streifen und dem Gebiet der Stadt Jericho.
- Die Einrichtung eines Übergangsrates von palästinensischen Vertretern, an den die Befugnisse im Bildungswesen, Gesundheitswesen, Sozialwesen, Besteuerung und Tourismus übergeben und der zum Aufbau einer palästinensischen Polizei befugt werden sollte.
- Die Aushandlung eines Interimsabkommens, in dem die Übertragung weiterer Befugnisse, Wahlen zu einem Selbst-

verwaltungsrat, die Regelung von dessen Befugnissen, sowie die Verlegung der israelischen Truppen aus den von Arabern besiedelten Gebieten geregelt werden sollten.

- Beginn von Verhandlungen spätestens nach drei Jahren über eine endgültige Regelung unter Einschluss der bis dahin ausgesparten besonders sensiblen Problembereiche der israelischen Siedlungen, der palästinensischen Flüchtlinge und des Status Jerusalems.

Aus dem Briefwechsel zwischen dem PLO-Vorsitzenden Arafat und dem israelischen Ministerpräsidenten Rabin:

9. September 1993

Herr Ministerpräsident,

(...)

Die PLO erkennt das Recht des Staates Israel auf Existenz in Frieden und Sicherheit an. Die PLO nimmt die Resolutionen 242 und 338 des UN-Sicherheitsrates an.

(...)

Die PLO verzichtet entsprechend auf Terror und jede andere Art von Gewalt.

(...)

In Anbetracht des Beginns einer neuen Ära ... erklärt die PLO, dass die Artikel der PLO-Charta, die Israel das Recht auf Existenz absprechen sowie die Bestimmungen der Charta, die nicht mit den Verpflichtungen dieses Schreibens übereinstimmen, nicht mehr angewandt werden und nicht länger gültig sind.

(...)

Hochachtungsvoll Jassir Arafat,
Vorsitzender, Palästinensische Befreiungsorganisation

9. September 1993

Herr Vorsitzender,

in Beantwortung Ihres Schreibens vom 9. September 1993 möchte ich hiermit bestätigen, dass die israelische Regierung angesichts der in Ihrem Schreiben bestätigten PLO-Verpflichtungen beschlossen hat, die PLO als die Vertretung des palästinensischen Volkes anzuerkennen und Verhandlungen mit der PLO im Rahmen des Nahost-Friedensprozesses aufzunehmen.

Hochachtungsvoll Jitzchak Rabin,
Ministerpräsident des Staates Israel

Der politische Regelungsgehalt der israelisch-palästinensischen Grundlagenerklärung war bei genauer Betrachtungsweise recht dünn, die Bedeutung der Erklärung wie der vorangegangenen gegenseitigen Anerkennung lag im Symbolischen. Hier stellte das Erreichte wirklich einen qualitativen Sprung und einen historischen Durchbruch dar: Direkte Verhandlungen zwischen zwei Konfliktpartnern – ohne amerikanische Vermittlung! –, die sich jahrzehntelang wechselseitig die Existenzberechtigung abgesprochen hatten. Erstmals in der langen Geschichte des Konflikts anerkannte Israel offiziell die PLO und nahm Verhandlungen mit ihr auf. Dies stellte einen wesentlichen Durchbruch für die palästinensische Seite dar, denn Israel erkannte damit nicht nur die PLO als legitime Vertretung des palästinensischen Volkes an, sondern nahm offiziell das palästinensische Volk als Konflikt- und damit auch als Verhandlungspartner zur Kenntnis. Damit hatte die israelische Strategie ein Ende gefunden, den Palästinakonflikt quasi auf das Minderheitenproblem einer arabischen Bevölkerung in der Westbank und im Gaza-Streifen zu reduzieren. Zum anderen hat die PLO mit der Erklärung das Existenzrecht Israels unwiderruflich anerkannt.

Die Grundlagenerklärung vom 13. September 1993 war somit keineswegs ein Friedensvertrag, sondern ein Übereinkommen zwischen zwei sehr ungleichen Konfliktpartnern, in dem sie sich

Aus der „Prinzipienerklärung über die vorübergehende Selbstverwaltung“:

Die Regierung des Staates Israel und die PLO-Gruppe (innerhalb der jordanisch-palästinensischen Delegation bei der Nahost-Friedenskonferenz) (die „Palästinensische Delegation“), die das palästinensische Volk vertritt, stimmen darin überein, dass es an der Zeit ist, Jahrzehnte der Konfrontation und des Konflikts zu beenden; sie anerkennen gegenseitig ihre legitimen und politischen Rechte und streben nach einem Leben in friedlicher Koexistenz und in gegenseitiger Würde und Sicherheit, und danach, eine gerechte, dauerhafte und umfassende Friedensregelung sowie eine historische Aussöhnung auf dem Weg des vereinbarten politischen Prozesses zu erreichen.

Demgemäß stimmen beide Seiten folgenden Prinzipien zu:

(...)

Artikel I

Es besteht Einverständnis darüber, dass die Übergangsregelungen ein integraler Bestandteil des gesamten Friedensprozesses sind und dass sie zu Verhandlungen über den dauerhaften Status zur Inkraftsetzung der Resolutionen 242 und 338 des UN-Sicherheitsrate's führen werden. (...)

Artikel V

1. Die fünf Jahre dauernde Übergangsperiode wird mit dem Abzug aus dem Gaza-Streifen und aus Jericho beginnen. (...)

3. Es besteht Einverständnis darüber, dass diese Verhandlungen (über den dauerhaften Status) die verbleibenden Fragen abdecken sollten, darunter Jerusalem, Flüchtlinge, Siedlungen, Sicherheitsregelungen, Grenzen ... (...)

Artikel VII

2. Das Interimsabkommen wird ... die Struktur des Rates, die Zahl seiner Mitglieder sowie die Übertragung von Befugnissen und Zuständigkeiten von der israelischen militärischen und Zivilverwaltung an den Rat genau bestimmen. (...)

a) über einige grundlegende Gestaltungsprinzipien für eine Übergangsperiode einigten, deren Einzelheiten aber noch der Klärung bedurften, und in dem sie
b) den gemeinsamen Willen erklärten, in den nächsten fünf Jahren über die weitere gemeinsame Zukunft friedlich zu verhandeln.

Da von einer Übergangsperiode die Rede war, aber nirgendwo gesagt wurde, wohin denn der Übergang führen sollte, blieb beiden Seiten ein breiter Interpretationsspielraum. Die Israelis bestanden darauf, dass die Erklärung keinerlei Hinweise für die Errichtung eines palästinensischen Staates enthalte, die Palästinenser hielten dem entgegen, dass ein solcher Staat auch keineswegs ausgeschlossen sei und die Bildung einer „Selbstregierung" durch Wahlen einen wichtigen Schritt auf dem Weg zu einem eigenen Staat darstelle. Eingeleitet wurde mit der Grundlagenerklärung ein Prozess – nicht mehr und nicht weniger –, der voller Risiken, aber auch Chancen steckte.

Die sich an die Grundlagenerklärung anschließenden Verhandlungen über die konkrete Umsetzung der festgelegten Prinzipien gestalteten sich schwieriger als angenommen, so dass sehr bald der enge Zeitplan (Beginn des israelischen Abzugs aus Gaza und Jericho im Dezember 1993, Wahlen zum Selbstverwaltungsrat im Juni 1994) aus den Fugen geriet. Terroranschläge führten immer wieder zu Verzögerungen des Verhandlungsprozesses. Neben Anschlägen palästinensischer Gruppen, die den Oslo-Prozess ablehnten, gab es auch Anschläge israelischer Extremisten. Erst am 4. Mai 1994 konnte das Kairoer Abkommen über die Umsetzung der Prinzipienerklärung unterzeichnet werden. Wenige Tage später rückte die israelische Armee aus dem größeren Teil des Gaza-Streifens und der Stadt Jericho ab, palästinensische uniformierte Polizei zog unter dem Jubel der Bevölkerung ein.

Der Durchbruch zwischen Israel und der PLO hatte einen grundlegenden Wandel in den Beziehungen Israels zur arabischen Welt zur Folge. Ein Friedensvertrag mit Jordanien wurde im Oktober 1994 feierlich unterzeichnet. Im Dezember 1994 wurden die diplomatischen Beziehungen formal aufgenommen. Eine Reihe von arabischen Staaten eröffnete Verbindungsbüros in Tel Aviv. Der Wirtschaftsboykott gegen Israel wurde faktisch aufgehoben. Hochrangige israelische Delegationen nehmen an wichtigen Konferenzen in arabischen Hauptstädten teil. Einzig in den Verhandlungen mit Syrien wurden keine Fortschritte erzielt, obgleich die Formel für einen Kompromiss im Verlaufe des Jahres 1994 von beiden Seiten akzeptiert wurde: vollständiger Friede (d.h. Grenzöffnung und diplomatische Beziehungen) für vollständigen Abzug (Israels von den Golan-Höhen).

Das Interimsabkommen (Oslo 2)

Weitere Verzögerungen ergaben sich in den Verhandlungen über das Interimsabkommen (kurz Oslo 2 genannt), das erst im September 1995 – also mit mehr als einjähriger Verspätung gegenüber dem ursprünglich verabredeten Zeitplan – unterzeichnet wurde. Es beinhaltet als wesentliche Elemente:

- den vollständigen Abzug der israelischen Armee aus der so genannten Zone A, die die Städte des Westjordanlands (Nablus, Ramallah, Bethlehem, Tulkarem, Dschenin, Qalkilja) umfasst; für Hebron wurde eine Teilräumung zu einem späteren Zeitpunkt vereinbart; für Zone A wurde die Zuständigkeit sowohl für die Aufrechterhaltung der öffentlichen Ordnung (Polizeiaufgaben), als auch für die Sicherheit (v.a. Bekämpfung des Terrorismus, also Geheimdienst- und quasi-militärische Kompetenzen) an die palästinensische Selbstverwaltungsbehörde übergeben;
- den Abzug der israelischen Armee aus Zone B (kleinere Ortschaften und Dörfer); für Zone B wurde nur die Zuständigkeit für die öffentliche Ordnung an die palästinensische

Seite übertragen; Sicherheitsfragen blieben Aufgabe der israelischen Seite (was u.a. das Recht auf Zutritt und das Ergreifen von Sicherheitsmaßnahmen in dieser Zone beinhaltet);

- den weiteren phasenweisen Rückzug aus bzw. die Umgruppierung von Truppen in dem Rest des Gebietes (Zone C) unter Aussparung der israelischen Siedlungen, der Verbindungsstraßen und der verbleibenden israelischen Militärstützpunkte;
- die Festlegung der Modalitäten und des Zeitpunkts für die Wahlen zum palästinensischen Selbstverwaltungsrat und zum Vorsitzenden/Präsidenten der Selbstverwaltungsbehörde;
- die Einberufung des palästinensischen Nationalkongresses zum Zweck der Abänderung der PLO-Charta (wie in Oslo 1 bereits zugesagt).

Trotz vieler ungeklärter Fragen (Umfang der Umgruppierungen in Zone C, Zeitpunkt des Teilabzugs aus Hebron, Abgrenzung der Kompetenzen in Zone B u.a.), trotz des sehr kleinen und zerstückelten Territoriums, für das die palästinensische Selbstverwaltungsbehörde die autonome Kompetenz erhielt, und trotz der anhal-

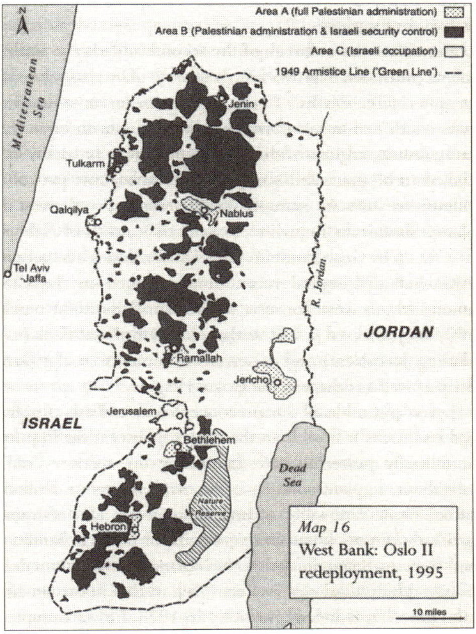

Karte 8: Interimsabkommen – Oslo 2

Karte 9: Gaza gemäß Oslo 2

tenden politischen und ökonomischen Abhängigkeit von Israel bedeutete Oslo 2 vor allem in zweierlei Hinsicht einen beträchtlichen Fortschritt für die Palästinenser:

1. Zum ersten Mal seit 1967 war die israelische Armee aus dem täglichen Leben der palästinensischen Bevölkerung verschwunden. Man begegnete ihr zwar noch an Straßenposten bei der Fahrt von einem Dorf ins andere, aber die ständigen Patrouillen, die Posten in den Ortschaften, die häufigen Ausgangssperren, die Notwendigkeit, sich für alles und jedes an die israelische Zivilverwaltung wenden zu müssen, entfielen. Arafat hatte in den Verhandlungen somit zwar nicht die Befreiung Palästinas, aber in einem gewissen Sinn immerhin die teilweise Befreiung der Palästinenser erreicht. Auf der anderen Seite führte der Oslo-Prozess aber zu einer zunehmenden Einschränkung der Bewegungsfreiheit, denn Reisen für Palästinenser wurden nun durch ein rigides und oft willkürlich gehandhabtes System von Genehmigungen durch die israelische Besatzungsmacht geregelt.
2. Bei den Wahlen zum Selbstverwaltungsrat am 20. Januar

> 1996 hatten die Palästinenser erstmals Gelegenheit, ihre politische Führung auf demokratischem Weg selbst zu bestimmen. Die Wahlen wurden zu einem überwältigenden Vertrauensbeweis für die Politik der Verhandlungen mit Israel. (Arafat wurde mit 88 % der Stimmen zum Vorsitzenden des Rates und der Selbstverwaltungsbehörde gewählt – also faktisch zum Präsidenten der Palästinenser; seine Fatah-Bewegung errang 51 der 88 Sitze.)

Zum Zeitpunkt der Wahlen herrschte große Zuversicht, dass Oslo 2 nicht das Ende des Prozesses sein werde, sondern nur die Zwischenstation auf dem Weg zu vollständiger staatlicher Unabhängigkeit. Die oppositionellen Gruppen, die den Friedensprozess grundsätzlich ablehnten, insbesondere auch die islamistischen Organisationen Hamas und Dschihad Islami verloren an Unterstützung. Die palästinensische Gesellschaft beschäftigte sich vielmehr mit der Frage des Aufbaus einer Zivilgesellschaft mit demokratischen und rechtstaatlichen Strukturen. Das überwältigende Wahlergebnis für Arafat brachte die Kritik an seinem autokratischen Führungsstil, an der Vetternwirtschaft innerhalb der palästinensischen Autonomieverwaltung, an Menschenrechtsverstößen der Sicherheitskräfte und dem schleppenden Aufbau effektiver Verwaltungsstrukturen nicht zum Verstummen. Doch die Zweifel am von Arafat eingeschlagenen Kurs des Verhandlungsprozesses wurden durch die Hoffnung auf weitere Fortschritte zunächst zerstreut.

Die Ermordung Jitzchak Rabins

Für die israelische Gesellschaft bedeutete der Oslo-Prozess sozialpsychologisch das Gegenteil: Erstmals in der Geschichte der jüdischen Nationalbewegung wurde der Prozess des territorialen Wachstums des jüdischen Gemeinwesens im Land der Väter, Eretz Jisrael, umgekehrt; zentrale Stätten der religiösen Tradition wie Hebron (wo die Erzväter begraben liegen), Bethlehem (die Heimatstadt König Davids) oder Sichem (arabisch Nablus, Heimat des Erzvaters Jakob, dem durch göttliche Verfügung der Name Israel gegeben wurde) wurden aus freien Stücken fremder Souveränität unterstellt. Der für jüdisches Selbstverständnis integrale Zusammenhang von Volk Israel und Land Israel – zuvor nur von anderen bestritten und gewaltsam unterbrochen – wurde damit erstmals in der 3.000-jährigen Geschichte durch eigenen Entschluss aufgegeben. Die neue Politik der Regierung Rabin stand so gesehen unter erheblichem Rechtfertigungsdruck.

In der jüdischen Tradition nun gibt es einen Grundsatz, der in der Tat alle anderen Traditionen und Gebote, mögen sie noch so heilig sein, aufhebt: Den Grundsatz der Lebensrettung. Indem insbesondere Premierminister Rabin immer wieder hervorhob, dass durch die Einigung mit der PLO das Ende des Blutvergießens gekommen sei, bemühte er sich, dem Gebietsverzicht Legitimität zu verleihen. Angesichts der hohen Zahl der Opfer durch Selbstmordattentate islamistischer palästinensischer Organisationen während einiger Monate der Jahre 1994-1996 wurde diese Legitimation des Friedensprozesses aber immer wieder erschüttert. Die „schweigende Mehrheit" verhielt sich abwartend, schwankend zwischen Skepsis und Zuversicht. Im Gefühl, dass die Regierung jetzt für das Vorantreiben des Friedensprozesses zuständig sei, ließen auch die Aktivitäten der Friedenskräfte sehr nach.

Demgegenüber nahm im Sommer und Herbst 1995 die Agitation der nationalistisch-religiösen Kreise, und insbesondere der Siedler, an Umfang und Intensität zu. Rabin wurde als Verräter gebrandmarkt, ja, auf Plakaten als SS-Mann verunglimpft. Die bürgerliche Opposition unter Benjamin Netanjahu (der kurz nach der Wahlniederlage des Likud 1992 zum Nachfolger Jitzchak Schamirs als Likud-Vorsitzender gewählt worden war) versuchte, diese Agitation für sich zu nutzen und wurde so zu ihrem Komplizen. Als am 4. November 1995 erstmals seit Jahren kurz nach der Verabschiedung von Oslo 2 im israelischen

Parlament die Anhänger des Friedensprozesses eine Großdemonstration veranstalteten, erschoss der nationalistisch-religiöse Extremist Jigael Amir den Ministerpräsidenten. Das Attentat wurde allgemein als Konsequenz der nationalistisch-religiösen Erziehung und Agitation verstanden, was auch in religiösen Kreisen selbst nicht bestritten, sondern zumeist erschrocken zur Kenntnis genommen wurde.

Unter dem Schock des Attentats wandte sich ein großer Teil der unschlüssigen Mehrheit der jüdischen Israelis voller Abscheu von den Protagonisten einer nationalistisch geprägten Religiosität ab. Die Zustimmung zum Verhandlungsprozess erreichte bisher nicht gekannte Prozentzahlen. Die Räumung der palästinensischen Städte ging ohne Protest der auf Tauchstation gegangenen Siedler reibungslos vonstatten. In der kurzen Phase zwischen dem 4. November 1995 und dem 20. Januar 1996 standen etwa 75 % der Bevölkerung beider beteiligter Seiten hinter ihrer politischen Führung, die bereit war, den Friedensprozess zu forcieren. Schimon Peres, zum Nachfolger Rabins als Premierminister gewählt, zog die Wahlen zum israelischen Parlament auf den 29. Mai 1996 vor, in der Erwartung, das eindeutige Mandat für die Fortsetzung des eingeschlagenen Weges zu erhalten. Sein Partner Arafat war seinerseits in den Wahlen vom 20. Januar mit diesem Mandat ausgestattet worden. Die Unterhändler beider Seiten waren allerdings schon weiter als die Führungen. So hatten der israelische Justizminister Jossi Beilin und Mahmud Abbas (Abu Mazen), ein hochrangiger Fatah-Vertreter, im Dezember 1995 in dem so genannten Beilin-Abu-Mazen-Papier Kompromissvorschläge für eine endgültige Regelung erarbeitet.

Die Regierung Netanjahu

Nur wenige Wochen später war alles beim Alten: In der bis dahin blutigsten Serie von vier Selbstmordattentaten mitten in Jerusalem und Tel Aviv wurden 60 Menschen getötet. Die Attentate wurden vom „militärischen Arm“ der Hamas als Rache für die Tötung ihres Bombenkonstrukteurs Jehje Ajjasch durch den israelischen Geheimdienst im Januar gerechtfertigt. Ajjasch hatte die Sprengsätze der Selbstmordattentate der vergangenen drei Jahre präpariert. Angesichts der Attentate wurden die Vorwürfe gegenüber Schimon Peres immer heftiger, der Friedensnobelpreisträger beschleunige den Verhandlungsprozess zu sehr und vernachlässige die Sicherheitsbedürfnisse Israels. Durch rigorose Repressionsmaßnahmen – strikte Abriegelung der palästinensischen Gebiete bis zu den Wahlen; Sprengung von zahlreichen Häusern der Familien mutmaßlicher Attentäter und Hintermänner; Massenverhaftungen; Verschiebung des für Ende April vorgesehenen Abzugs aus Hebron auf unabsehbare Zeit – versuchte Peres dem Eindruck entgegenzuwirken, der Friedensprozess gefährde die Sicherheit der Israelis. Diesem Ziel diente auch Peres’ Versuch, den sich verschärfenden Konflikt mit der libanesisch-schiitischen Hisbollah durch eine massive Militäroperation zu lösen, was sich jedoch als politischer und militärischer Fehlschlag erwies.

Peres’ Gegenkandidat Benjamin Netanjahu vermied seinerseits jedes nationalistische Getöse und führte seine Wahlkampagne unter dem Slogan „Frieden mit Sicherheit“, so dass auch die, die den Friedensprozess keineswegs ablehnten, seine „Kosten“ aber für zu hoch hielten, ihm ihre Stimme geben konnten. Mit der hauchdünnen Mehrheit von 29.500 Stimmen (0,9 %) gewann er die Wahlen. Obwohl er eine Koalition aus sechs ideologisch stark divergierenden Parteien bildete und einige sehr profilierte Persönlichkeiten in sein Kabinett aufnehmen musste, verlieh das gemeinsame Interesse am Machterhalt der Regierung Netanjahu, die sich auf eine breite parlamentarische Mehrheit stützen konnte, beträchtliche Stabilität.

Der Wahlsieg Netanjahus wurde weithin nicht als eine Entscheidung gegen den Friedensprozess, sondern gegen Peres und seine Art, eine politische Lösung zu suchen, interpretiert. Es war – nach der Serie der Selbstmordattentate im Frühjahr – ein „Sieg der Angst", aber kein prinzipielles Votum gegen einen Verhandlungsfrieden.

Die Regierungszeit Netanjahus war geprägt von zähen Verhandlungen um die Umsetzung des weiteren Rückzugs der israelischen Armee aus den besetzten Gebieten. Nur durch starken internationalen Druck, vor allem der USA, konnte Netanjahu schließlich im Januar 1997 zum Abschluss des Hebron-Abkommens gezwungen werden. Gegenüber dem ursprünglich unter Rabin ausgehandelten Oslo 2-Vertrag unterschied dieses Abkommen sich nur durch geringfügige Abänderungen. Die bedeutendste war die Verschiebung der 3. Phase des israelischen Truppenrückzugs aus der Westbank um ein Jahr auf den Sommer 1998. Erst im Oktober 1998 wurde in Wye Plantation in den USA unter persönlicher Vermittlung von US-Präsident Clinton ein Abkommen zur Umsetzung des weiteren israelischen Abzugs ausgehandelt. Der Friedensprozess geriet immer mehr ins Stocken: Provokante Siedlungsmaßnahmen der israelischen Regierung, der hinhaltende Widerstand der nationalistischen und religiösen Kräfte gegen jeden weiteren Rückzug und blutige Proteste der palästinensischen Bevölkerung, die immer wieder der israelischen Regierungskoalition als Vorwand für die Verweigerung der Umsetzung vertraglich vereinbarter Rückzugsoperationen dienten, ließen viele Übereinkommen und Zeitpläne zu Makulatur werden.

Die israelische Armee begann schließlich in der zweiten Novemberhälfte 1998 mit dem Abzug aus weiteren palästinensischen Kleinstädten und Dörfern. Nach einem Attentat auf zwei Israelis am 2. Dezember setzte Premierminister Netanjahu die Umsetzung das Wye-Abkommens jedoch wieder aus. Damit vermochte er allerdings nicht zu verhindern, dass seine Regierung am 21. Dezember in der Knesset die Mehrheit verlor, weil die ultranationalistischen Parteien wegen des Wye-Abkommens ihre Regierungsbeteiligung aufkündigt hatten.

Die Regierung Barak

Die Wahlen zum Ministerpräsidenten und zur Knesset am 17. Mai 1999 verlor Netanjahu sehr deutlich gegen den Kandidaten der Arbeitspartei, Ehud Barak (56 % zu 44 %). Dieser hatte seinen Wahlkampf mit den Versprechen bestritten, innerhalb eines Jahres die israelische Armee vollständig aus dem Libanon abzuziehen und innerhalb etwa eines Jahres den israelisch-palästinensischen Konflikt einer endgültigen Regelung zuzuführen.

Zunächst allerdings betrieb Barak intensiv Verhandlungen mit Syrien über einen Friedensvertrag und die Rückgabe der Golan-Höhen. Die Verhandlungsdelegationen Syriens und Israels, die sich im Januar 2000 in Shepherdstown in den USA trafen, konnten in vielen Bereichen Fortschritte erzielen: Israel stimmte der vollständigen Räumung des Golan zu; Syrien der weiträumigen Truppenentflechtung und Frühwarnvorrichtungen auf dem Berg Hermon. Die einzige ungeklärte Frage war die nach dem genauen Grenzverlauf: Israel bestand auf der internationalen Grenze von 1922; Syrien auf dem Grenzverlauf nach Ende der Kampfhandlungen 1949. Der Unterschied macht nur wenige Quadratkilometer aus. Die Bedeutung liegt vor allem darin, dass nach dem Grenzverlauf von 1949 Syrien an einer Stelle im Nordosten Zugang zum See Genezareth hatte. Die israelische Seite befürchtete wohl, dass Syrien aus einer Anrainerschaft am See Genezareth wasserrechtliche Ansprüche herleiten könnte. Doch waren Arrangements im Gespräch, die einen ausdrücklichen Verzicht der Syrer auf solche Ansprüche vorsahen.

Bei einem Treffen zwischen dem amerikanischen Präsidenten Clinton und Syriens Präsident Assad am 26. März 2000 in Genf, das der Wiederbelebung der zwischenzeitlich unterbrochenen Verhandlungen dienen sollte, kam es jedoch zum endgültigen Abbruch der Kontakte, nachdem Clinton Assad die israelische Position in der Grenzfrage als nicht weiter verhandlungsfähig kommuniziert hatte. Die Gründe für das Scheitern des Verhandlungsprozesses an dieser vergleichsweise marginalen Frage liegen bis heute im Dunkeln. Nach dem Tod von Präsident Hafez al-Assad am 10. Juni 2000 und den damit verbundenen internen Transformationsprozessen in Syrien war an eine baldige Neuaufnahme des israelisch-syrischen Verhandlungsprozesses vorläufig nicht zu denken.

Das Scheitern des israelisch-syrischen Verhandlungsprozesses führte dazu, dass sich Barak nun verstärkt der Umsetzung seines Hauptwahlversprechens, dem Abzug aus dem Südlibanon, widmete. Am 23. Mai verließ die israelische Armee einige Wochen früher als erwartet nach nahezu 18 Jahren Besatzung den Südlibanon.

Israel achtete peinlich genau darauf, die von der UNO festgelegte Grenze zum Libanon zu beachten, um keinen Vorwand für neue Raketenangriffe der Hisbollah auf die Siedlungen im Norden Israels zu liefern. Einzig das Areal der so genannten Scheba-Farm am Fuße des Hermon-Massivs blieb umstritten: Es wird vom Libanon beansprucht, gehörte aber zum Zeitpunkt des israelisch-arabischen Krieges 1967 zu Syrien und wurde während des Sechs-Tage-Krieges von Israel besetzt. Israel steht auf dem Standpunkt, dass die Zukunft dieses Gebietes Gegenstand syrisch-israelischer Verhandlungen sei. Von der Hisbollah wird das bestritten. Und so kam es in der Folgezeit – während es im Allgemeinen an der israelisch-libanesischen Grenze ruhig blieb – nur im Gebiet der Scheba-Farm gelegentlich zu Attacken der Hisbollah, die von Israel mit begrenzten Vergeltungsschlägen beantwortet wurden. Zu keinem Zeitpunkt seit dem Rückzug Israels aus dem Südlibanon bestand allerdings die Gefahr einer Zuspitzung, die auch nur annähernd die Ausmaße der Konfrontation der vergangenen 18 Jahre angenommen hätte.

Insofern war der Rückzug aus dem Südlibanon für Israel ein diplomatischer und militärischer Erfolg, der Israel aus dem Sumpf eines „Low Intensity Conflict“ herausführte, der in den Jahren zuvor wöchentlich israelischen Soldaten sowie Hisbollah-Milizionären und libanesischen Zivilisten das Leben gekostet hatte und auch materiell für beide Seiten äußerst verlustreich gewesen war.

Nach der Einlösung dieses Wahlversprechens wandte sich Barak nun ganz dem israelisch-palästinensischen Verhandlungsprozess zu. Der im Sommer 1999 aufgestellte Zeitplan war inzwischen obsolet geworden, weil die Grundlinien einer endgültigen Regelung nicht wie vereinbart bis Februar 2000 ausgearbeitet worden waren. Barak wollte deshalb nach dem Vorbild der israelisch-ägyptischen Friedensverhandlungen in Camp David 1979 in Verhandlungen auf höchster Ebene eine endgültige Regelung herbeiführen. Trotz starker Bedenken wegen ungenügender Vorarbeiten konnte die palästinensische Seite sich dem Drängen Israels und der USA nicht widersetzen. So kamen die Verhandlungsdelegationen unter Führung von Barak und Arafat und unter persönlicher Vermittlung des amerikanischen Präsidenten Clinton am 11. Juli 2000 in Camp David zusammen.

Die Verhandlungen von Camp David

Am 25. Juli 2000 wurden die Verhandlungen in Camp David ergebnislos abgebrochen. Bis heute wird heftig darum gestritten, wer die Schuld für das Scheitern der Verhandlungen trägt. Da wenige Monate später der Konflikt zwischen Israel und den Palästinensern wiederum präzedenzlos eskalierte (Al Aksa-Intifada) und das Scheitern von Camp David als ursächlich für diese Eskalation der Gewalt angesehen wird, wird um so intensiver versucht, jeweils der Gegenseite die Verantwortung für das Scheitern von Camp David zuzuschieben.

Es gibt keine gemeinsamen Protokolle von den Verhandlungen; ebensowenig sind offizielle Verhandlungsangebote schriftlich bekannt geworden. Was in Camp David auf dem Tisch gelegen hat, ist also nicht nachprüfbar – man ist auf das angewiesen, was die Beteiligten selber, natürlich geprägt von ihrem politischen Verwertungsinteresse – berichten.

Karte 10: Camp David

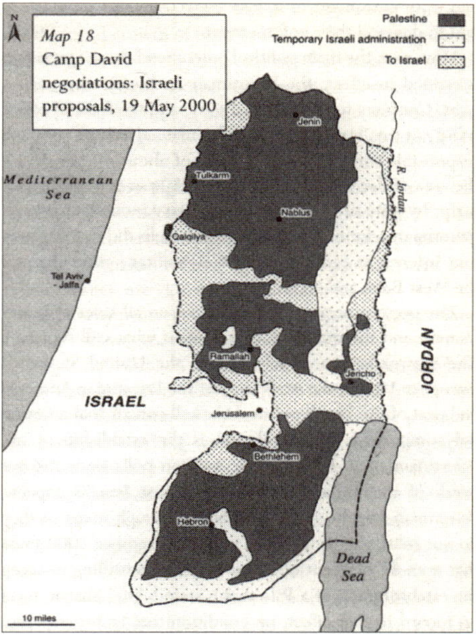

Aus den vorliegenden Berichten und Analysen lässt sich in jedem Fall ablesen, dass eine vor allem in Israel und den USA, zum Teil aber auch in Europa verbreitete Sichtweise, eine Legende ist: Die palästinensische Seite habe die Verhandlungen scheitern lassen, weil sie bereits seit langem einen Aufstand vorbereitet habe, um später mit terroristischer Gewalt bessere Verhandlungsergebnisse erzielen zu können. Oder noch zugespitzter: Die Ablehnung des großzügigen israelischen Friedensangebotes liefere den Beweis für die mangelnde Friedensbereitschaft der palästinensischen Führung.

Im Widerspruch zu dieser Legende lässt sich mit aller Vorsicht in etwa folgendes Bild vom Ablauf des Verhandlungsmarathons und den Ursachen für sein Scheitern zeichnen: Die israelische Seite legte ein Angebot vor, das weit über alles hinaus ging, was jemals zuvor den Palästinensern von einer israelischen Regierung angeboten worden war. Der israelische Vorschlag enthielt:

– die Zustimmung zur Gründung eines palästinensischen Staates;

- die Bereitschaft zur Räumung von über 90 % der besetzten Gebiete;
- die Bereitschaft zur Teilkompensation für die nicht geräumten Gebiete durch Abtretung eigenen Territoriums an den Staat Palästina;
- die Bereitschaft zur Räumung der Siedlungen in den geräumten Gebieten;
- die Bereitschaft zur Aufgabe einiger arabischer Viertel in Ost-Jerusalem;
- die Bereitschaft zur Gewährung von Selbstverwaltungsrechten für andere arabische Viertel Ost-Jerusalems;
- die Bereitschaft, einer begrenzten Zahl von palästinensischen Flüchtlingen als humanitäre Geste (Familienzusammenführung) die Rückkehr nach Israel zu erlauben;
- die Bereitschaft, an der materiellen Kompensation der restlichen palästinensischen Flüchtlinge mitzuwirken.

Nicht klar ist, ob es einen konkreten Vorschlag gab, wie die Frage der Souveränität auf dem Tempelberg/Haram asch-Scharif zu regeln sei, bzw. wie er aussah. Die palästinensische Seite ihrerseits war bereit,

- der Integration einiger Siedlungsblöcke in das israelische Staatsgebiet zuzustimmen;
- israelische Souveränität über die in Ost-Jerusalem seit 1967 gebauten jüdischen Stadtviertel nicht in Frage zu stellen;
- einem Gebietstausch grundsätzlich zuzustimmen;
- nicht auf der tatsächlichen Rückkehrmöglichkeit für alle palästinensischen Flüchtlinge zu bestehen, wenn ihr Recht auf Rückkehr im Prinzip anerkannt würde;
- ein vereintes Jerusalem als Hauptstadt Israels und Palästinas zu akzeptieren.

Besonders in den Auseinandersetzungen nach dem Scheitern von Camp David wurde deutlich, dass die Konfliktparteien auch unter amerikanischer Vermittlung in folgenden Punkten keine Einigung erzielen konnten:

- *Räumung von Siedlungen und palästinensisches Staatsgebiet:*

Der von Barak vorgeschlagene Zuschnitt der von Israel zu annektierenden Siedlungsblöcke und des zukünftigen palästinensischen Staatsgebiets ließ die Palästinenser eine Zerstückelung ihres Territoriums befürchten und die Lebensfähigkeit und Unabhängigkeit ihres neuen Staates bezweifeln.
- *Umfang der territorialen Kompensation:* Die palästinensische Verhandlungsdelegation hielt die israelischen Angebote für einen Gebietsaustausch für ungenügend und bestand auf einer Kompensation im Verhältnis 1:1.
- *Jerusalem:* Israel wollte der geforderten palästinensischen Souveränität in allen arabischen Stadtteilen Ost-Jerusalems im Rahmen einer vereinten Stadt, die für beide Staaten als Hauptstadt fungieren sollte, und vor allem einer ausschließlich arabisch-islamischen Souveränität auf dem Tempelberg/Haram asch-Scharif nicht zustimmen.
- *Rückkehrrecht für die palästinensischen Flüchtlinge:* Die Forderung nach grundsätzlicher Anerkennung des Rechts aller palästinensischen Flüchtlinge auf Rückkehr wurde von Israel nicht akzeptiert, obwohl sich beide Konfliktparteien im Hinblick auf konkrete Rückkehrerzahlen durchaus näher gekommen waren

Beide Seiten waren sich also in wesentlichen substanziellen Fragen näher gekommen. An zwei symbolisch hoch aufgeladenen Punkten hatte sich jedoch im Verlauf der Gespräche die Kluft vertieft: Der eher symbolisch bedeutsamen Fragen des Rückkehrrechts der Flüchtlinge und der Souveränität über den Tempelberg/Haram asch-Scharif. Zwar hatte die israelische Seite Bereitschaft erkennen lassen für eine Repatriierung einer gewissen Anzahl palästinensischer Flüchtlinge nach Israel (Zahlen bis zu 200.000 wurden „gehandelt"). Sie blieb aber in der grundsätzlichen Frage der Anerkennung eines Rückkehrrechts bei ihrem kategorischen Nein. Andererseits hatten palästinensische Unterhändler durchblicken lassen, dass sie davon ausgingen, dass ohnehin nur ein kleiner Teil der palästinensischen Flüchtlinge nach Israel zurückkehren könne und man damit rechne, dass die große Mehrheit eine neue Heimat im palästinensischen Staat oder in anderen arabischen, europäischen oder nordamerikanischen Staaten finden werde. Selbst für das Problem der palästinensischen Flüchtlinge schien also eine pragmatische Lösung nicht völlig undenkbar zu sein.

Warum wurden die Verhandlungen dennoch ergebnislos abgebrochen? Ein Grund wird sicherlich gewesen sein, dass der israelische Premierminister Barak das Angebot, das er in Camp David vorlegte, zum damaligen Zeitpunkt für nicht weiter verhandelbar erklärte, gleichzeitig aber von der palästinensischen Seite forderte, sie müsse mit der Annahme des Angebots das Ende des Konflikts erklären. Als Grund für diese Haltung des „Friss Vogel, oder stirb" wird einerseits die prekäre innenpolitische Situation Baraks angeführt, dessen Koalition immer weitere Mitglieder unter Verweis auf zu große Nachgiebigkeit Baraks gegenüber den Palästinensern verließen. Barak hatte praktisch seine Mehrheit in Parlament und Regierung verloren.

Barak wollte sich mit seiner kategorischen Forderung nach einer expliziten Erklärung der endgültigen Konfliktbeendigung gegen weitere Nachforderungen der Palästinenser absichern. Besonders im Hinblick auf die palästinensische Forderung nach Anerkennung des Rückkehrrechts für die palästinensischen Flüchtlinge konnte er sich breitesten Rückhalts in der israelischen Gesellschaft sicher sein. Die Erfüllung dieser palästinensischen Forderung verbindet man in Israel mit der Befürchtung, durch die Rückkehr von mehreren Millionen Palästinensern zur Minderheit im eigenen Land zu werden, und setzt sie deshalb mit der Zerstörung Israels als jüdischer Staat auf demografischem Wege gleich. Für die palästinensische Seite bedeutet die zumindest symbolische Anerkennung des Rückkehrrechts die Anerkennung des an ihnen im Zusammenhang mit der Staatsgründung geschehenen Unrechts.

In den nach Camp David fortgeführten Gespräche gelang zwar eine weitere Annäherung, so dass sich die Frage aufdrängt, ob Barak seine Haltung in der amerikanischen Konklave aufrecht erhalten hätte, wenn die palästinensische Seite dort konstruktive Vorschläge für weitere Verhandlungen vorgelegt hätte. Offenbar haben die mangelnde Vorbereitung, Meinungsverschiedenheiten und Rivalitäten in der Delegation die Flexibiltät der palästinensischen Verhandlungsführung erheblich beeinträchtigt. Es war gewiss ein großer Fehler, dass die palästinensische Seite zu keinem Zeitpunkt während und nach den Verhandlungen ihre – tatsächlich vorhandene – Kompromissbereitschaft signalisiert hat. Kommuniziert wurde nach außen immer nur ein „Nein", kein „Ja, aber". Auf einer solchen Basis hätte dann deutlich gemacht werden können, warum die Angebote zwar als weiterführend, aber als nicht ausreichend betrachtet werden und die Notwendigkeit weiterer Verhandlungen besteht. Arafat selbst erklärte dann die Probleme des Rückkehrrechts und vor allem der Souveränität über den Tempelberg/Haram asch-Scharif als Gründe für das Scheitern. Damit sicherte er sich die breite Unterstützung nicht nur in den Flüchtlingslagern in Palästina wie in den umliegenden arabischen Staaten, sondern darüber hinaus auch in der gesamten muslimischen Welt, weil er sich zum unbeugsamen Hüter der islamischen Heiligen Stätten in Jerusalem stilisierte.

Baraks brüsker Verhandlungsstil, Arafats mangelnde Glaubwürdigkeit, gar seine Leugnung einer historischen und religiösen Verbindung zwischen Judentum und Jerusalem haben keine konstruktive Verhandlungsatmosphäre entstehen lassen. Und schließlich haben auch die amerikanischen Vermittler ihren Anteil am Scheitern von Camp David. Ihre Rolle als neutrale Vermittler stand bereits in Camp David selbst in Zweifel, weil Clinton kein Hehl aus seiner Sympathie für die israelische Seite machte, so dass auf palästinensischer Seite der Eindruck entstand, von Israelis und Amerikanern gemeinsam unter Druck gesetzt zu werden. In einem nach dem Gipfel geführten Interview brach dann Clinton in aller Öffentlichkeit seine im Vorfeld den Palästinensern gegebene Zusage, in dem er Arafat einseitig die Schuld für das Scheitern des Gipfels zuschrieb – was er wiederum später zurücknahm –, und machte sich damit als „ehrlicher Makler“ in den Augen der Palästinenser vollends unglaubwürdig.

Unzureichende politische Vorbereitung, mangelnde Kompromissfähigkeit und die Unterwerfung unter die vermeintlichen oder tatsächlichen innenpolitischen Zwänge bei allen Beteiligten haben somit den nahen Durchbruch zu einer friedlichen Regelung verhindert.

Die „Al Aksa-Intifada“

Die Lage nach dem Zusammenbruch der Verhandlungen in Camp David war hoch explosiv. Die Regierung Barak verlor immer weiter an Rückhalt, sowohl in der Knesset, wo die Regierungsmehrheit verloren gegangen war, als auch in der israelischen Gesellschaft, in der Barak als unfähig erschien, trotz der Zugeständnisse, sein zentrales Wahlversprechen – Frieden mit den Palästinensern - einzulösen. Er selbst erklärte nach der Rückkehr aus Camp David, er habe dort „das wahre Gesicht“ Arafats aufgedeckt, machte die palästinensische Seite allein für das Scheitern verantwortlich und sprach ihr die Friedensfähigkeit ab.

Auf palästinensischer Seite wurde Arafat zwar dafür gefeiert, dass er dem vereinten Druck Israels und der USA standgehalten hatte. Der völlige Stillstand im Oslo-Prozess, der weitere Ausbau der jüdischen Siedlungen, die sich immer weiter verschlechternde Wirtschaftslage in den palästinensischen Gebieten und die andauernde Gängelung durch das israelische Militär in allen Bereichen des täglichen Lebens schürten jedoch Verzweiflung und Wut.

Im kollektiven Gedächtnis beider Konfliktparteien ließ das Scheitern von Camp David tiefe Spuren zurück. Aus israelischer Sicht hat Camp David bewiesen, dass die Palästinenser – wieder einmal – nicht bereit waren, eine historische Friedenschance zu nutzen, sondern dass sie eigentlich immer noch den jüdischen Staat zerstören wollten. Die Antwort auf die bislang großzügigste Friedensofferte Israels sei nur Gewalt und Terror. Es sei eine Fehlkalkulation der palästinensischen Seite, wenn sie glaube, Israel habe sich aus dem Südlibanon wegen des bewaffneten Widerstands der Hisbollah zurückgezogen und werde nun bei anhaltendem gewalttätigen Widerstand der Palästinenser in der Westbank und dem Gaza-Streifen auch diese Gebiete aufgeben. Bemerkenswert erscheint in diesem Zusammenhang, dass das Scheitern der Friedenssuche in Camp David und die palästinensische Gewalt der zweiten Intifada auch und gerade bei den traditionellen Friedenskräften in Israel mit großer Verbitterung als Verrat an den eigenen Friedensvorstellungen wahrgenommen wurde, so dass eine politische Lähmung entstand, die neue politische Initiativen unmöglich machte.

Bei den Palästinensern diente das unzureichende Angebot der Regierung Barak als Beleg für die mangelnde Bereitschaft Israels, einen eigenständigen und lebensfähigen palästinensischen Staat an seiner Seite zu dulden. Lediglich ein „Staat von Israels Gnaden“ sei angeboten worden, der ohne ein zusammenhängendes Staatsgebiet unter der permanenten Kontrolle Israels gestanden hätte, und der ohne eigene Kontrolle über die Ressourcen Land und Wasser kaum überlebensfähig gewesen wäre. Die Verweigerung des Rückkehrrechts für die Flüchtlinge und wirklicher palästinensischer Souveränität vor allem auch auf dem Tempelberg/Haram asch-Scharif sowie der Fortbestand der Siedlungen hätten nicht nur die die völkerrechtswidrige Besatzungspolitik nachträglich legitimiert, sondern aus dem palästinensischen Staat eine Reihe von Enklaven gemacht. Der „Friedensprozess“ war zu einem Synonym für die Fortsetzung der Besatzung unter anderen Vorzeichen, für weitere Enteignungen und Siedlungsbau, für ökonomische und soziale Verschlechterung geworden. Die „Friedensdividende“, die die Palästinenser sich erhofft hatten, blieb aus.

Doch ein weiterer, bei uns zumeist unterschätzter Faktor hat beim Ausbruch der zweiten Intifada ebenfalls eine bedeutende Rolle gespielt: Die Unzufriedenheit mit dem despotischen Führungsstil Jassir Arafats und seiner korrupten „Tunesier“. Nach dem Gaza-Jericho-Abkommen vom Mai 1994 waren nach jahrzehntelangem Exil die alten Führungskader der PLO – vor allem aus Tunis – nach Palästina zurückgekehrt und hatten sukzessive die Führung der Autonomiebehörde übernommen. Sie errichteten ein durch Vetternwirtschaft, Korruption und weit gehende Inkompetenz geprägtes Regime, das sich zunehmender Kritik ausgesetzt sah und die „Strömungskonflikte“ in der palästinensischen Gesellschaft verschärfte. Blieb Arafats Position als Ikone des palästinensichen Widerstands noch weit gehend unangetastet, so entstand aufgrund der Kritik an der politischen Unfähigkeit der Führungscliquen sowohl im Hinblick auf die Verhandlungsstrategie gegenüber Israel als auch bei der Entwicklung der palästinensischen Gebiete eine wachsende Distanz zwischen weiten Teilen der Gesellschaft und der Führungsschicht, der „alten Garde“. Protest gegen diese politische Entwicklung fand dann mangels anderweitiger Ventile seinen Ausdruck auch in zunehmender Unterstützung für die islamistische Hamas oder bewaffnete Aktionen gegen die Okkupationsmacht.

In dieser Situation wirkte der demonstrative Besuch des israelischen Oppositionsführers Ariel Scharon auf dem Tempelberg/Haram asch-Scharif am 28. September 2000, mit dem er seinerseits die politisch brisante Frage der Souveränität über diese „Heilige Stätte“ in den Mittelpunkt seiner innerparteilichen Auseinandersetzung mit Benjamin Netanjahu stellte, wie der sprichwörtliche Funke im Pulverfass. Der unter aufwändigem Polizeischutz stattfindende Besuch Scharons auf dem Boden des muslimischen Heiligtums wurde von den Palästinensern als gezielte Provokation aufgefasst.

Für die Eskalation entscheidender dürfte jedoch die unverhältnismäßige Gewalt gewesen sein, mit der das israelische Militär auf die Proteste reagierte. Schon am folgenden Tag wurden bei Zusammenstößen auf dem Tempelberg/Haram asch-Scharif vier, innerhalb von zwei Wochen dann bei den sich ausbreitenden Unruhen in den besetzten Gebieten 91 Palästinenser von den israelischen Sicherheitskräften erschossen. Das rücksichtslose Vorgehen des israelischen Militärs, gewalttätige palästinensische Demonstrationen, die täglichen hohen Verluste an Menschenleben – die Gewalt eskalierte scheinbar unaufhaltsam. Im Zuge der zunehmenden Militarisierung der Auseinandersetzung beteiligten sich auf palästinensischer Seite auch die Sicherheitskräfte an den Konfrontationen. Wut und Verzweiflung in der palästinensischen Bevölkerung steigerten sich angesichts der Bilder vom Tod des zehnjährigen Mohammed Ad-Dura in einem Feuergefecht im Gaza-Streifen. Entsetzen und Verbitterung rief in Israel der Lynchmord an zwei israelischen Reservisten hervor, die versehentlich in das Stadtzentrum Ramallahs geraten waren. Die Fernsehbilder von diesen und anderen Ereignissen heizten auf beiden Seiten die Emotionen an und ließen vergessen, dass die Konfliktparteien nur wenige Wochen zuvor in Camp David so nah wie nie zuvor an einer Friedensregelung waren.

Politische Bemühungen auf höchster Ebene unter Einbeziehung der Präsidenten der USA, Frankreichs, Ägyptens, der EU und des jordanischen Königs konnten die Eskalation nicht aufhalten. Auch ein Gipfeltreffen auf höchster Ebene am 17. Oktober in Scharm el-Scheich auf der Sinai-Halbinsel führte zu keiner Beruhigung der Lage. Einziges greifbares Ergebnis war die Einsetzung einer Kommission unter Leitung des US-amerikanischen Senators Mitchell zur Untersuchung der Ursachen der Gewalteruption. Bis Mitte Januar 2001 stieg die Zahl der palästinensischen Opfer auf mehr als 300, die der Israelis auf 41. Wiederholte Initiativen, einen Waffenstillstand zu vermitteln, der nach einer „Abkühlungsphase“ die Wiederaufnahme des politischen Prozesses ermöglichen sollte, verliefen im Sande.

Neuwahl des israelischen Ministerpräsidenten am 6. Februar 2001

Weil es der israelischen Regierung unter Ministerpräsident Barak weder durch militärische Maßnahmen noch auf diplomatisch-politischem Weg gelang, die Gewalt unter Kontrolle zu bringen, beschloss die Knesset am 28. November 2000 ihre Selbstauflösung und allgemeine Neuwahlen für den 6. Februar 2001.

Am 23. Dezember legte US-Präsident Clinton einen Vorschlag für eine endgültige Friedensregelung vor (so genannte Clinton-Parameter oder Clinton-Minutes), der den Anliegen der Palästinenser wesentlich weiter entgegen kam als das israelische Angebot von Camp David. U.a. sah es einen Gebietsaustausch im Verhältnis von 5:3, die Übergabe sämtlicher arabischer Stadtviertel Ost-Jerusalems einschließlich der christlichen und moslemischen Viertel in der Altstadt an die Palästinenser sowie die palästinensische Souveränität über den Tempelberg/Haram asch-Scharif vor. Unter israelischer Kontrolle sollte das jüdische Viertel der Altstadt und die Westmauer am Tempelberg verbleiben. Das Rückkehrrecht der palästinensischen Flüchtlinge sollte auf den palästinensischen Staat beschränkt und Israel nur zur humanitären Aufnahme einer begrenzten Zahl von Flüchtlingen und zur Beteiligung an der materiellen Kompensation verpflichtet werden. Der Clinton-Vorschlag wurde von beiden Konfliktparteien nur unter Vorbehalten akzeptiert. Die israelische Seite verfuhr insofern geschickter, als sie ihre Stellungnahme als ein „Ja, aber“ kommunizierte, während die Reaktion der palästinensischen Seite als ein „Nein, aber“ wahrgenommen wurde.

Noch vor der Knessetwahl trafen israelische und palästinensische Delegationen im ägyptischen Badeort Taba nahe Eilat am Golf von Akaba zusammen, um auf der Grundlage des Clinton-Vorschlags weiter zu verhandeln: Ein letzter verzweifelter Versuch des gescheiterten Ehud Barak, vielleicht durch ein überzeugendes Friedensabkommen in letzter Minute die als sicher prognostizierte Wahlniederlage zu verhindern. Die Delegationen kamen zwar in einem Abschlusskommuniqué am 27. Januar 2001 zu der Auffassung: „Beide Seiten erklären, dass sie zu keiner Zeit näher daran waren, ein Abkommen zu erreichen und dass sie daher glauben, dass die noch offenen Fragen durch die Wiederaufnahme der Verhandlungen nach den israelischen Wahlen überbrückt werden können." Ihre Bemühungen waren jedoch vergebens, zumal Premierminister Barak bereits am 21. Januar verlauten ließ:

1. „Israel wird niemals einem Rückkehrrecht zustimmen, das palästinensischen Flüchtlingen die Rückkehr in das heutige israelische Staatsgebiet gestattet.
2. Premierminister Barak wird kein Dokument unterzeichnen, das den Palästinensern die Souveränität über den Tempelberg überträgt."

Durch das Ergebnis der israelischen Wahlen am 6. Februar wurde das Abschlusskommuniqué ohnehin obsolet.

Ariel Scharon wurde mit der überwältigenden Mehrheit von 62,3 % der Stimmen zum israelischen Ministerpräsidenten gewählt. Zu diesem großen Vorsprung trug sicherlich auch bei, dass die palästinensischen Israelis fast geschlossen der Abstimmung fern blieben. Ausschlaggebend war freilich, dass Premierminister Barak in den Augen der jüdischen israelischen Wähler die beiden zentralen politischen Ziele, die Scharon zu seinem Wahlslogan gemacht hatte, „Sicherheit und Frieden", nicht erreichen konnte. Ihm wurde vielmehr angelastet, dass er im Bemühen, Frieden um jeden Preis zu erreichen, die Sicherheit Israels aufs Spiel gesetzt habe.

Ariel Scharon gelang es in kurzer Zeit, ein Kabinett der „nationalen Einheit" zusammenzustellen, in dem Vertreter von der Arbeitspartei auf der Linken bis hin zu Moledet auf der extremen Rechten saßen. Als Opposition verblieben die linksliberale Meretz, die so genannten „arabischen Parteien", die allerdings auch nicht um Regierungsteilnahme gebeten worden waren, die radikalsäkulare Schinui-Partei, die jede Beteiligung an einer Regierung unter Einschluss religiöser Parteien verweigerte, sowie die „rechtsradikalen“ Parteien Jisrael Beiteinu und Nationalreligiöse Partei. Die Regierungsbeteiligung der Arbeitspartei, die ja immerhin noch mit Ministerpräsident Barak als Spitzenkandidat ins Rennen gegangen war, sollte zu heftigen Auseinandersetzungen und schließlich zur faktischen Spaltung der traditionsreichen Partei führen.

Eskalation der Gewalt

Trotz harter Maßnahmen konnte Scharon die Gewalt in den besetzten Gebieten nicht eindämmen. Im Gegenteil: Nach seiner Wahl begannen zunächst die islamistischen Organisationen Hamas und Dschihad Islami, massiv Selbstmordattentate gegen Zivilisten in Israel durchzuführen. In der palästinensischen Bevölkerung stießen diese Massaker auf große Zustimmung (zeitweise über 70 % in Meinungsumfragen). Das führte dazu, dass in der zweiten Jahreshälfte 2001 auch die der Fatah nahe stehenden „Al Aksa-Brigaden“ dazu übergingen, Selbstmordattentate zu verüben. Die Spirale der Gewalt drehte sich immer weiter: Der immer brutaler werdenden Besatzungspolitik folgten immer neue Wellen von Selbstmordanschlägen; das israelische Militär drang phasenweise in die Städte unter palästinensischer Selbstverwaltung ein und beschoss Behördengebäude mit Raketen; mutmaßliche Attentäter und deren Hintermänner wurden unter Inkaufnahme des Todes von Zivilisten gezielt getötet; palästinensische Kommandos überfielen Siedler und richteten Mörserangriffe auf israelische Siedlungen; die gesamte Westbank wurde wieder einem noch rigideren System von Straßenkontrollen und Straßensperren unterworfen, das die Bewegungsfreiheit der Bevölkerung weit gehend einschränkte; die Zerstörung von Häusern Verdächtiger wurde wieder aufgenommen. Alle Versuche, der Gewalt und dem Terror Einhalt zu gebieten, blieben erfolglos.

Die Lebenssituation veränderte sich für beide Konfliktparteien drastisch. Lang dauernde Ausgangssperren und die Abriegelung der Gebiete brachten das Wirtschaftsleben in den besetzten Gebieten praktisch zum Erliegen. Die Arbeitslosigkeit stieg auf 60 %, die Zahl der palästinensischen Familien unterhalb der Armutsgrenze (weniger als 2 US-Dollar Einkommen pro Tag) wuchs auf 50 %, Hundertausende waren auf die Unterstützung durch Lebensmittelrationen angewiesen. Auch in Israel geriet die Wirtschaft in eine Rezessionsphase. Die Angst vor neuen Terroranschlägen lähmte das öffentliche Leben.

Die vielfachen Einschränkungen durch die kompromisslose Unterdrückungspolitik der israelischen Besatzung sowie die unvermindert betriebene Siedlungspolitik wurden von den Palästinensern als Negation ihres Rechts auf nationale Selbstbestimmung wahrgenommen. Israel tat in ihren Augen alles, um das Leben in den besetzten Gebieten zu erschweren und den Selbstbehauptungswillen des palästinensischen Volkes zu brechen. Der Terror wurde zumeist als legitime Reaktion auf die anhaltende Besatzung gerechtfertigt. Indem man mit Selbstmordanschlägen gegen Zivilisten die Gewalt in das „Kernland" Israel trage, solle der „Preis" für die Besatzung hochgeschraubt und den Israelis deutlich gemacht werden, dass ohne eine Ende der Okkupation kein Friede zu erreichen sei.

Gerade der palästinensische Terror in Israel bestärkte viele Israelis in ihrer Überzeugung, dass sich die Palästinenser eben doch nicht mit der Existenz Israels abgefunden hätten. In Wahrheit sei diese Gewalt auf die Liquidierung des jüdischen Staates gerichtet. Selbst ein vollständiger Rückzug aus den seit 1967 besetzten Gebieten werde deshalb keine Ruhe bringen. Auf palästinensischer Seite gäbe es im Grunde niemanden, mit dem man aussichtsreiche Friedensverhandlungen führen könne. Ein Ende des Terrors sei ohnehin Voraussetzung für die Wiederaufnahme von politischen Gesprächen.

Die israelische Regierung machte die palästinensische Autonomiebehörde und insbesondere Arafat persönlich für den Terror verantwortlich. Wenn er nicht gar die Anschläge selbst anordne oder billige, so tue er jedenfalls nichts, um sie zu verhindern und die Gewalt zu delegitimieren. Das Militär reagierte jeweils mit der Zerstörung von Einrichtungen der Selbstverwaltungsbehörde, vor allem der Sicherheitsdienste. Als damit kein Ende der Selbstmordattentate zu erreichen war, versuchte Israel es mit der Einschließung Arafats in seinem Amtssitz in Ramallah (um die Jahreswende 2001/2002) und dessen weit gehender Zerstörung. Nach einem verheerenden Terroranschlag auf ein Hotel in Netanja zu Beginn des Passa-Festes besetzte die israelische Armee im März/April 2002 bis auf Jericho erneut alle Städte der Westbank („Aktion Schutzschild"). Jassir Arafat wurde für politisch „irrelevant" erklärt und Verhandlungen mit ihm verweigert.

Ermöglicht wurde diese Wiederbesetzung der im Zuge des Oslo-Prozesses geräumten Gebiete nicht zuletzt vor dem Hintergrund der Anschläge vom 11. September 2001 in New York und Washington und dem dadurch ausgelösten weltweiten Kampf gegen Terrorismus. Nach den erfolglosen Bemühungen von Bill Clinton hatte sich die Regierung George W. Bush kaum um den israelisch-palästinensischen Konflikt gekümmert bzw. hatte der Regierung Scharon weit gehend freie Hand gelassen. Sie hatte allerdings gegen das Eindringen israelischer Truppen in die Autonomiegebiete agiert. Dieser Widerstand wurde jetzt aufgegeben. Israels Vorgehen wurde von der amerikanischen Regierung nunmehr als legitimer Kampf gegen den Terrorismus eingeschätzt. Die amerikanische Regierung übernahm weit gehend die Auffassung der Regierung Scharon, Vorbedingung für jede Neuaufnahme eines Verhandlungsprozesses müsse die Beendigung der Gewalt, der Rücktritt Arafats und eine durchgreifende Reform und Demokratisierung der palästinensischen Institutionen sein. Erst nach Erfüllung dieser Vorbedingungen könne wieder verhandelt werden.

Die Minister der Arbeitspartei, die der Regierung angehörten, versuchten mit geringem Erfolg, mäßigend auf die Politik der israelischen Regierung einzuwirken. Im Herbst 2002 kam es über der Siedlungsfrage zum Bruch der „Koalition der nationalen Einheit". Bei der Vorlage des Haushaltes für 2003 verlangte die Arbeitspartei, Ressourcen für den Ausbau der Siedlungen in den besetzten Gebieten umzuleiten in Sozialprogramme im israelischen Kernland. Als Scharon das verweigerte, verließen die Minister der Arbeitspartei die Regierung. Da es Scharon nicht gelang, eine anders zusammengesetzte Koalitionsregierung zusammenzustellen, wurden für den 28. Januar 2003 vorzeitige Neuwahlen für die Knesset angesetzt.

Knessetwahlen und neue Regierung

Bei der Wahl verdoppelte die Partei des Premierministers, der Likud, ihre Sitze im Parlament. Der andere große Wahlgewinner war die radikalsäkulare Schinui-Partei (15 gegenüber 6 Mandaten). Verlierer waren vor allem die Arbeitspartei (19 Mandate, 7 weniger als bei der Wahl zuvor) und Meretz (6, minus 4). Die große Mehrheit der jüdisch-israelischen Wahlbevölkerung sah wohl keine aktuelle Chance für die Neuaufnahme von Verhandlungen mit den Palästinensern. Deshalb stürzten die beiden Parteien, die einer Verständigung mit den Palästinensern eine hohe Priorität zur Lösung auch der wirtschaftichen Probleme Israels zuschrieben – Arbeitspartei und Meretz – in der Wählergunst dramatisch ab, obwohl in Meinungsumfragen eine klare Mehrheit der jüdisch-israelischen Bevölkerung ihrer Programmatik (weit gehender Rückzug aus den besetzten Gebieten, Räumung von Siedlungen, Gründung eines palästinensischen Staates, Teilung der Souveränität in Jerusalem) zuneigte. In der konfrontativen Situation vertraute die jüdisch-israelische Bevölkerung dem harten Durchgreifen des amtierenden Ministerpräsidenten, der es zudem verstanden hatte, sich im Wahlkampf das Image eines gemäßigten Politikers zuzulegen.

Die neue Regierungskoalition bestand aus vier Parteien: Likud (dem sich die Partei der russischen Einwanderer Jisrael BeAlija angeschlossen hatte – 40 Sitze), Schinui (15 Sitze), Nationalreligiöse Partei (6 Sitze) und Nationale Union (7 Sitze). Sie verfügte über 68 der 120 Knessetsitze. Diese Zusammensetzung der Regierungskoalition mit zwei Parteien (NRP und Nationale Union), die vor allem für die Belange der Siedler und für den „freiwilligen Transfer" der Palästinenser aus der Westbank und dem Gaza-Streifen eintreten, deutete eher auf eine Fortführung der bisherigen kompromisslosen Haltung gegenüber den Palästinensern und auf einen unverminderten Ausbau der jüdischen Siedlungen in den besetzten Gebieten hin.

Die „Road Map for Peace"

Begünstigt wurde die anhaltende Stagnation im israelisch-palästinensischen Verhandlungsprozess durch die Krise um den Irak, in der die israelische Regierung unzweideutig für die amerikanische Politik eines erzwungenen Machtwechsels im Irak Partei ergriff, und sich die palästinensische Seite – nach den verheerenden Folgen ihrer Parteinahme für Saddam Hussein im zweiten Golfkrieg (1991) klüger geworden – politisch in keiner Weise exponierte. Sowohl auf der linken wie auf der rechten Seite des israelischen politischen Spektrums wurden einige Erwartungen in die Zeit nach dem Sturz Saddam Husseins gesetzt: Während die Rechte darauf hoffte, die arabischen Regime würden sich in ihrer Politik gegenüber Israel mäßigen und demgemäß auch ihre Forderungen an Israel reduzieren, setzten die friedensbereiten Linksliberalen und die Linke darauf, die amerikanische Regierung werde Druck auf die israelische Regierung ausüben, die Siedlungsaktivitäten einzufrieren und zu Verhandlungen mit den Palästinensern zurückzukehren. Bei aller Kritik an der amerikanischen Irak-Politik hofften viele auf eine Wiederholung der Ereignisse von 1991: Damals war dem militärischen Eingreifen der USA im Irak die Friedenskonferenz von Madrid und der Oslo-Prozess gefolgt.

Tatsächlich gab die Bush- Administration nach dem Irak-Krieg ihre Zurückhaltung im Nahost-Konflikt zunächst auf. Bereits im Frühjahr 2002 hatte sich das so genannte „Quartett“, bestehend aus den USA, der EU, Russland und der UN, gebildet, um gemeinsam Vorschläge für eine Rückkehr zur friedlichen Regelung des israelisch-palästinensischen Konflikts zu erarbeiten. Gemeinsam war allen die Einsicht, dass es eines stärkeren internationalen Engagements bedürfe, um Wege aus der nahöstlichen Sackgasse zu finden. Im April 2002 legte der deutsche Außenminister einen Plan für den weiteren Umgang mit dem Konflikt vor. Es folgten intensive Gespräche auf EU-Ebene sowie auf der Ebene des Quartetts. Diese führten schließlich am 20. Dezember 2002 zur Erarbeitung einer „Road Map“, eines in drei Phasen gegliederten Fahrplans, der nach seiner sukzessiven Umsetzung, z.B. dem Ende der Gewalt, Wahlen und Reformen der palästinensischen Institutionen, einer internationalen Friedenskonferenz, der Einstellung der israelischen Siedlungsaktivitäten und dem Rückzug aus den besetzten Gebieten schlussendlich im Jahre 2005 auf die Errichtung eines palästinensischen Staates zielte. Aus Rücksicht auf die israelische Regierung, die Wahlen und den Irak-Krieg wurde die „Road Map“ aber erst Ende April 2003 den Konfliktparteien offiziell übermittelt. Während die palästinensische Seite den neuen Fahrplan akzeptierte, erklärte die israelische Regierung ihre „Zustimmung“ erst auf starken internationalen Druck und aufgrund der Versicherung der US-Administration, 14 israelische Vorbehalte, mit denen wesentliche Inhalte des Plans in Frage gestellt wurden, im weiteren Verlauf „zu berücksichtigen“.

Auszüge aus der „Road Map“ (Fassung vom 20. Dezember 2002):

Im Folgenden wird eine ergebnisorientierter und zielgerichteter „Fahrplan“ dargelegt, der eine klare Phaseneinteilung, eine Ablaufplanung, Zieltermine und Bewertungsmaßstäbe enthält und dessen

Ziel es ist, durch beiderseitige Schritte der zwei Parteien in den Bereichen Politik, Sicherheit, Wirtschaft, humanitäre Lage und Aufbau von Institutionen unter der Schirmherrschaft des Nahost-Quartetts Fortschritte zu erzielen. Das Ziel ist eine endgültige und umfassende Beilegung des israelisch-palästinensischen Konflikts bis 2005. (...)

Eine Zwei-Staaten-Regelung zur Beilegung des israelisch-palästinensischen Konflikts kann nur erreicht werden, wenn Gewalt und Terrorismus ein Ende haben, wenn das palästinensische Volk eine Führung hat, die entschieden gegen den Terrorismus vorgeht sowie willens und fähig ist, eine funktionierende, auf Toleranz und Freiheit gegründete Demokratie aufzubauen, wenn Israel bereit ist, das Notwendige zu tun, um die Errichtung eines demokratischen palästinensischen Staates zu ermöglichen, und wenn beide Parteien das Ziel einer Verhandlungslösung ... klar und unmissverständlich akzeptieren. Das Quartett wird von Phase I an die Umsetzung des Plans, einschließlich direkter Gespräche zwischen den Parteien, nach Bedarf unterstützen und erleichtern. Der Plan sieht für die Umsetzung einen realistischen zeitlichen Ablauf vor.

(...) Sofern nicht anders angegeben, wird erwartet, dass die Parteien in jeder Phase ihre Verpflichtungen parallel erfüllen.

PHASE I:

Beendigung des Terrors und der Gewalt, Normalisierung des palästinensischen Lebens und Aufbau palästinensischer Institutionen (Gegenwart bis Mai 2003)

In Phase I verpflichten sich die Palästinenser dazu, ... bedingungslos die Gewalt einzustellen; unterstützende Maßnahmen von Seiten Israels sollten hiermit einhergehen. Palästinenser und Israelis nehmen ihre Sicherheitskooperation ... wieder auf, damit Gewalt, Terrorismus und Aufhetzung durch umstrukturierte und wirkungsvolle palästinensische Sicherheitsdienststellen beendet werden. Die Palästinenser verpflichten sich, in Vorbereitung auf die Staatlichkeit umfassende politische Reformen durchzuführen, darunter die Ausarbeitung eines palästinensischen Verfassungsentwurfs sowie freie, gerechte und ergebnisoffene Wahlen ... abzuhalten. Israel unternimmt alle erforderlichen Schrite, um die Normalisierung des palästinensischen Lebens zu unterstützen. Israel zieht sich aus den seit dem 28. September 2000 [Beginn der Al Aksa-Intifada, d.Verf.] besetzten palästinensischen Gebieten zurück, und beide Seiten stellen als Sicherheitsleistung und Kooperationsfortschritt den damaligen Status quo wieder her. Israel stellt ferner in Übereinstimmung mit dem Mitchell-Bericht jede Siedlungstätigkeit ein.

(...)

[Die Verpflichtungen beider Parteien werden im einzelnen dargelegt, d.Verf.]

PHASE II:

Übergang (Juni 2003 – Dezember 2003)

In der zweiten Phase richten sich die Bemühungen auf die Option der Schaffung eines unabhängigen palästinensischen Staates mit vorläufigen Grenzen und Merkmalen der Souveränität auf der Grundlage der neuen Verfassung als Zwischenstation auf dem Weg zu einer Einigung über den endgültigen Status. Wie bereits festgestellt, kann dieses Ziel erreicht werden, wenn das palästinensische Volk eine Führung hat, die entschieden gegen den Terror vorgeht sowie willens und fähig ist, eine funktionierende Demokratie auf der Grundlage von Toleranz und Freiheit aufzubauen.

(...)

In dem Bemühen, die Normalisierung des Lebens der Palästinenser und den Aufbau der palästinensischen Institutionen kontinuierlich fortzuschreiben, beginnt Phase II nach den palästinensischen Wahlen und endet mit der Option der Schaffung eines unabhängigen palästinensischen Staates mit vorläufigen Grenzen im Jahr 2003. Die Hauptziele dieser Phase sind fortgesetzte umfassende Anstrengungen zur Gewährleitung von Sicherheit und eine wirkungsvolle Sicherheitskooperation, die fortgesetzte Normalisierung des Lebens der Palästinenser und der fortgesetzte Aufbau von Institutionen, die Beibehaltung und Fortschreibung der für Phase I definierten Ziele, die Ratifikation einer demokratischen palästinensischen Verfassung, die förmliche Einrichtung eines Amtes des Premierministers, die

Konsolidierung der politischen Reformen und die Schaffung eines palästinensischen Staates mit vorläufigen Grenzen.

Internationale Konferenz: Wird durch das Quartett in Abstimmung mit den Parteien unmittelbar nach dem erfolgreichen Abschluss der palästinensischen Wahlen einberufen, um den wirtschaftlichen Wiederaufbau der Palästinenser zu unterstützen und einen Prozess zu initiieren, der zur Schaffung eines unabhängigen palästinensischen Staates mit vorläufigen Grenzen führt. (...)

[Die Verpflichtungen beider Parteien werden im einzelnen aufgeführt, d.Verf.]

PHASE III:

Vereinbarung über den endgültigen Status und Ende des israelischen-palästinensischen Konflikts (2004 – 2005)

(...) Die Ziele der Phase III sind die Konsolidierung der Reformen und die Stabilisierung der palästinensischen Institutionen, nachhaltige und wirkungsvolle Anstrengungen der Palästinenser zur Gewährleistung von Sicherheit sowie israelisch-palästinensische Verhandlungen mit dem Ziel einer Einigung über den endgültigen Status im Jahr 2005.

Zweite internationale Konferenz: Wird durch das Quartett in Abstimmung mit den Parteien Anfang 2004 einberufen, um ... einen Prozess zu initiieren, der zu einer dauerhaften, endgültigen Klärung des Status unter Einbeziehung der Themen Grenzen, Jerusalem, Flüchtlinge und Siedlungen im Jahr 2005 führt, und um Fortschritte in Richtung einer baldmöglichst zu erzielenden umfassenden Nahost-Einigung zwischen Israel und Libanon sowie zwischen Israel und Syrien zu fördern.

(...) Die Parteien erzielen im Wege gemeinsamer Aushandlung auf der Grundlage der Resolutionen 242, 338 und 1397 des VN-Sicherheitsrats eine letztgültige und umfassende Vereinbarung über den endgültigen Status, die den israelisch-palästinensischen Konflikt im Jahr 2005 beendet; diese Vereinbarung beendet auch die Besatzung, die im Jahr 1967 begann (...) und verwirklicht die Vision, dass die zwei Staaten, nämlich Israel und ein souveränes, unabhängiges, demokratisches und lebensfähiges Palästina, in Frieden und Sicherheit zusammenleben.

Mit der „Road Map“ wird der Versuch unternommen, zumindest teilweise Lehren aus dem Scheitern des Oslo-Prozesses und der unzähligen Waffenstillstandsvorschläge zu ziehen. Das Nahost-„Quartett“ erklärt seine Absicht, sich dauerhaft in dem politischen Prozess zu engagieren, weil offensichtlich Bewegung in die erstarrten Fronten nur durch eine Intervention von außen gebracht werden kann. Doch wie weit dieses Engagement gehen soll, ob es z.B. auch Sicherheitsgarantien im Falle einer friedlichen Regelung umfasst, bleibt nebulös.

Immerhin wird die jahrelange ausschließliche Fokussierung auf die Gewaltfrage aufgegeben, die bislang die Aufnahme von politischen Gesprächen von einer absoluten Ruhe- und „Abkühlungsphase“ abhängig machte. Diese israelisch-amerikanische Position überantwortete absurderweise das Schicksal des politischen Prozesses in die Hände der Terrororganisationen und ermöglichte es einer ohnehin nicht auf endgültige Statusverhandlungen erpichten israelischen Regierung, palästinensische Gewalt- und Terrorakte als Vorwand zu nutzen, um den politischen Verhandlungsprozess nicht wieder aufnehmen zu müssen. Um zu verhindern, dass immer wieder die eine Konfliktpartei die Umsetzung ihrer Verpflichtungen mit dem Hinweis auf die nicht erfüllten Verpflichtungen der Gegenseite verweigert, gilt gemäß der „Road Map“ nun der Grundsatz der Parallelität.

Es scheint sich – zumindest im Quartett – die Einsicht durchgesetzt zu haben, dass es nicht die Gewalt der zweiten Intifada war, die zum Scheitern des Oslo-Prozesses geführt hatte, sondern dass Enttäuschung, Wut und Verzweiflung über den ergebnislosen Friedensprozess Terror und Gewalt gebaren. Die Palästinenser fühlten sich um die Friedensdividende von Oslo betrogen: Ihre Lebenssituation hatte sich dramatisch verschlechtert, die Siedlungspolitik war durch die israelischen Regierungen forciert statt gestoppt worden, ein eigenständiger Staat war in weite Ferne gerückt. Es bedurfte somit einer glaubwürdigen politischen Perspektive, um überhaupt die Chance auf ein Ende der Gewalt zu eröffnen.

Der Ansatz der „Road Map" ist im Vergleich zu allen bisherigen Vereinbarungen ein viel umfassenderer: Parallel und nicht sukzessive sollen z.B. die Sicherheitskooperation und die Lebensbedingungen der Palästinenser verbessert, die Siedlungsaktivitäten eingefroren und die gegenseitige Hetze eingestellt sowie demokratische Reformen in der palästinensischen Gesellschaft vorangetrieben, internationale Konferenzen einberufen, ein „Überwachungsmechanismus" eingeführt und Endstatusverhandlungen begonnen werden.

In der Realität konzentrierten sich allerdings im Sommer 2003 wieder alle Bemühungen auf Sicherheitsfragen, denn vor allem die israelische Regierung interpretierte die „Road Map" so, dass erst nach dem Ende des palästinensischen Terrors weitere Schritte zur Normalisierung eingeleitet werden könnten, vom Einfrieren der Siedlungsaktivitäten war kaum die Rede. Schon zum Zeitpunkt seiner offiziellen Verkündung war der „Fahrplan" nicht mehr einzuhalten. Auch fehlt ein Sanktionsmechanismus, mit dem die Konfliktparteien zur Umsetzung ihrer Verpflichtungen gezwungen werden könnten. Das gravierendste Defizit der „Road Map" liegt aber sicherlich in der Unbestimmtheit seines Zieles: Die Zwei-Staaten-Regelung wird zwar unmissverständlich benannt, doch die Prinzipien einer endgültigen Lösung werden nicht im Einzelnen dargelegt. Es fehlt jeder substanzielle Bezug auf das immerhin Erreichte in Camp David, die so genannten „Clinton-Parameter" vom 23. Dezember 2000 oder die Gesprächsergebnisse von Taba im Januar 2001. Spätestens in der Phase III der „Road Map" droht somit eine Wiederholung von Camp David, wenn das „Quartett" nicht klare Vorgaben macht.

Zweifel an der Umsetzbarkeit der „Road Map" wurden deshalb allenthalben geäußert. Die israelische Regierung hatte mit ihren 14 Vorbehalten das ganze Unternehmen grundsätzlich in

Frage gestellt – allein die Akzeptanz der Zwei-Staaten-Regelung, die von zwei Koalitionsparteien explizit abgelehnt wird, würde die Regierung Scharon sprengen. Nach dem Motto „Augen zu und anfangen ...“ wurde jedoch unter erheblichem Druck der US-Regierung im Frühsommer 2003 mit der Umsetzung der ersten Schritte begonnen. Im Mittelpunkt standen zunächst die Reformen in der palästinensischen Selbstverwaltung: Eine Verfassung wurde entworfen und – gegen den heftigen Widerstand Arafats, der seine Entmachtung befürchtete – ein Ministerpräsidentenamt geschaffen. Mit Mahmud Abbas (Abu Mazen), dem bisherigen Stellvertreter Arafats in vielen PLO-Gremien und einem der „Väter“ des Oslo-Prozesses, wurde im Mai 2003 eine Persönlichkeit ernannt, die das Vertrauen der internationalen Öffentlichkeit genoss, wenn sie auch unter den Palästinensern umstritten war.

Doch Abu Mazen konnte sich weder im Streit um die Kontrolle der palästinensischen „Sicherheitsdienste“ gegen Arafat noch mit seiner Forderung nach ersten israelischen „Normalisierungsschritten“ gemäß der „Road Map“ durchsetzen. Nach nur viermonatiger Amtszeit trat er im September 2003 zurück. Damit war der „Road Map“ die Grundlage entzogen. Zwar wird sie offiziell weiterhin als Grundlage aller Bemühungen um eine Neuaufnahme des Verhandlungsprozesses bezeichnet, doch erkennbare Bemühungen für ihre Umsetzung wurden seitdem nicht mehr unternommen.

Nach längeren Auseinandersetzungen wurde schließlich Ende Oktober 2003 mit Achmed Qureia (Abu Ala) ein Arafat-Vertrauter als palästinensischer Premierminister zum Nachfolger von Mahmud Abbas ernannt. Sein Amtsantritt vermochte die festgefahrene Situation jedoch nicht wieder in Bewegung zu bringen. Vor allem interne Auseinandersetzungen um Macht und Einfluss lähmten seitdem die palästinensische Selbstverwaltung, die sich zum einen wachsender Kritik wegen Korruption und Vetternwirtschaft ausgesetzt sieht, zum anderen immer weniger in der Lage ist, aufgrund der Besatzungssituation und politischen Mismanagements ihre Selbstverwaltungsfunktionen auszuüben. Die islamistische Hamas, die immer gleichzeitig soziale, politische und terroristische Bewegung war, gewann dagegen vor allem im Gaza-Streifen an Unterstützung. Wieweit es dem israelischen Militär gelungen ist, mit der gezielten Eliminierung fast ihrer gesamtenen Führung und der Zerstörung ihrer Infrastruktur der jahrelangen Serie von Selbstmordattentaten ein Ende zu bereiten, ist im Moment noch nicht absehbar. Zwischen islamistischer Hamas einerseits und „staatstragender“, aber weit gehend verfilzter Fatah andererseits, die in Meinungsumfragen beide jeweils zwischen 20 und 30 % Zustimmung verbuchen können, hat sich bislang ein säkulare demokratische dritte Kraft nicht formieren können.

Die „Trennungsmauer“

Weit größere Beachtung in Israel und Palästina wie auch in der internationalen Politik fanden in der ersten Jahreshälfte 2004 die Auseinandersetzungen um den Bau einer Sperranlage auf palästinensischem Gebiet, neue Initiativen für eine friedliche Regelung des Konflikts von Persönlichkeiten außerhalb der Regierungskreise auf beiden Seiten sowie der unilaterale Rückzugsplan aus dem Gaza-Streifen, den Scharon im Dezember 2003 überraschend entwickelte.

Die derzeit gebaute, von Befürwortern „Sicherheitszaun“, von Gegnern „Trennungsmauer“ gennannte Sperranlage löste in Israel und international heftige Kritik und Proteste aus, die schließlich im Dezember 2003 neben der Qualifizierung als völkerrechtswidrig zu einem Beschluss der UNO-Vollversammlung führten, den Internationalen Gerichtshof in Den Haag mit einer juristischen Begutachtung der Sperranlage zu beauftragen. Die israelische Regierung rechtfertigt ihre Errichtung mit dem Hinweis auf das – grundsätzlich unbestrittene – Recht und die

Karte 11: Die „Trennungsmauer“

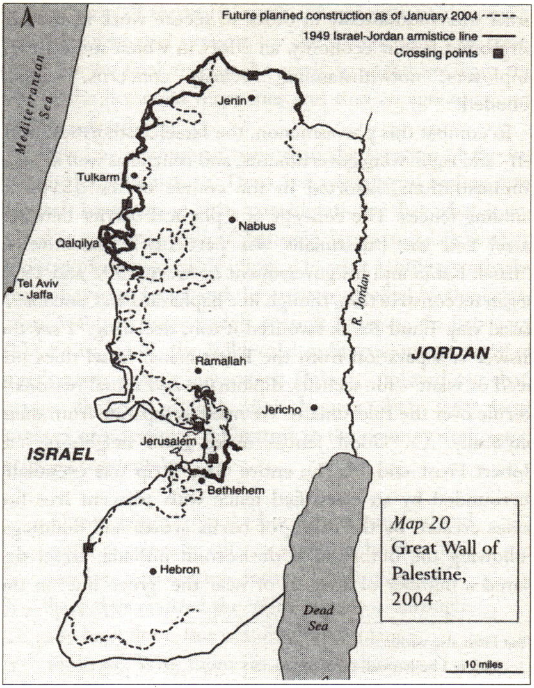

Pflicht des Staates Israel, seine Bürger vor terroristischen Angriffen zu schützen. Der „Sicherheitszaun“, tatsächlich weit gehend ein ca. 600 bis 700 km langes System von Metallzäunen, in dicht bevölkerten Stadtgebieten wie Jerusalem jedoch eine bis zu acht Meter hohe Betonmauer, diene somit quasi der Notwehr. Die Gegner wenden ein, dass die „Trennungsmauer“ nicht auf der so genannten Grünen Grenze, der Waffenstillstandslinie von 1949, errichtet wird, sondern vollständig auf dem Territorium der Westbank verläuft und an mehreren Punkten tief in die Westbank hineinreicht, um auf diese Weise möglichst viele jüdische Siedlungen an das Staatsgebiet Israels anzuschließen. Dadurch werden zahlreiche palästinensische Ortschaften regelrecht eingezäunt. Um auf ihre Felder, zu ihren Arbeitsstätten oder Familien, in die Schulen oder Krankenhäuser zu gelangen, müssen Hunderttausende von Palästinensern Durchlässe in der Sperranlage passieren – vorausgesetzt sie befinden sich im Besitz einer Genehmigung. Neben der Konfiszierung von weiterem Land für den Bau der Sperranlage wird ein reguläres Alltagsleben für zahlreiche Palästinenser noch weiter erschwert. Der Verdacht liegt nahe, dass mit der Sperranlage nicht allein die Sicherheit israelischer Bürger verbessert, sondern auch die Annexion palästinensischer Gebiete vorbereitet werden soll.

Zudem sehen Überlegungen der israelischen Regierung vor, dass eine weitere Sperranlage auf der Ostseite der Westbank errichtet wird. Dadurch würden die palästinensischen Gebiete endgültig in voneinander abgeschnittene Enklaven verwandelt. Die dann entstehende Landkarte erinnert an die Bantustans, mit denen die südafrikanische Regierung in der Ära der Apartheid versuchte, sich der schwarzen Bevölkerungsmehrheit durch Umsiedlung in „unabhängige“ politische Gebilde zu entledigen. Was sich hier als mögliche Konturen eines zukünftigen palästinensischen Staates abzeichnet, ist gewiss nicht lebensfähig.

Obwohl lediglich Israel, die USA, Mikronesien und die Marshall-Inseln in der UN der Völkerrechtswidrigkeit dieses Mauerbaus widersprochen haben, ist die Vollendung des Baus der Sperranlage bis Ende 2005 vorgesehen, auch wenn der konkrete Verlauf noch nicht überall festgelegt worden ist. Außer Erklärungen hat die internationale Gemeinschaft dem fortschreitenden Bau bisher nichts entgegengesetzt.

Neue Friedensinitiativen

Herausgefordert durch die lang anhaltende Stagnation in den Bemühungen um eine Verhandlungslösung und die perspektivlose Gewalttätigkeit der Auseinandersetzung traten in der israelischen und der palästinenischen Gesellschaft eine Reihe von Initiativen an die Öffentlichkeit, um trotz Resignation und

Verzweiflung der politischen Entwicklung neue Impulse zu geben: Israelische Reservisten verweigerten öffentlich den Dienst in den palästinensischen Gebieten; palästinensische Intellektuelle kritisierten die Strategie der Selbstmordattentate, israelische Militärs und ehemalige Geheimdienstchefs mahnten politische Initiativen an.

Eine gewisse Breitenwirkung sollte die Initiative des Präsidenten der palästinensischen Al-Quds-Universität, Prof. Sari Nusseibeh, und des ehemaligen israelischen Geheimdienstchefs, General Ami Ajalon, haben. Bereits im Sommer 2002 veröffentlichten sie ein Papier, in dem sie die Grundlagen einer Friedensregelung zwischen Israel und den Palästinensern dargelegten. Sie verstanden ihren Entwurf als Basisinitiative und warben in beiden Gesellschaften dafür, mit Unterschriften die Bereitschaft zu einer Regelung auf der Grundlage ihres Vorschlags zu erklären. Bis April 2004 unterzeichneten 180.000 Israelis und 140.000 Palästinenser.

Der substanziellste und auch international beachtete Vorstoß stellte die „Genfer Initiative“ dar, ein im Anschluss an die Verhandlungen in Taba im Januar 2001 von Jossi Beilin, einem der „Architekten“ des Oslo-Prozesses, und dem ehemaligen palästinensischen Kommunikationsminister Abbed Rabbo detailliert ausgearbeiteter Entwurf eines israelisch-palästinensischen Friedensvertrages. Der Genfer Initiative gehören zahlreiche Politiker, Mitglieder des Sicherheitsestablishments, Wissenschaftler und Experten von beiden Konfliktparteien an. Der Vertragsentwurf macht – anknüpfend an den Plan des damaligen US-Präsidenten Clinton sowie die Verhandlungen von Taba – zum ersten Mal bis ins Detail gehende Regelungsvorschläge für die meisten der zentralen Konfliktpunkte: der Frage der Rückkehr und Kompensation der Flüchtlinge, der Teilung Jerusalems, der Aufgabe vieler Siedlungen und Beibehaltung der großen Siedlungsblöcke unter israelischer Souveränität, des Gebietsaustausches etc.

Natürlich sahen sich die Initiatoren der Genfer Initiative trotz der beispiellosen weltweiten Sympathieerklärungen vieler Regierungen heftigster innenpolitischer Kritik ausgesetzt. Ein solch konkreter Vertragsentwurf erschütterte zwei Grundannahmen der Konfliktparteien:

1. Es gibt keine akzeptablen Kompromisslösungen für die fundamentalen Streitpunkte des Konfliktes.
2. Es gibt keinen Partner für ernsthafte Friedensgespräche.

Nun lag der Entwurf für ein Abkommen vor, dass nicht nur beiden Seiten schmerzhafte Kompromisse abverlangte, sondern das nicht von außen aufoktroyiert worden, sondern durch bilaterale Verhandlungen zustande gekommen war. Es gibt also auf der „anderen Seite" Politiker, mit denen man reden und mit denen man Kompromisse schließen konnte.

Unilateraler Rückzug aus dem Gaza-Streifen

Die Regierung Scharon, die die Initiatoren der Genfer Initiaive zunächst publizistisch äußerst scharf attackiert hatte – bis hin zum Vorwurf des Landesverrats und aus „rechtsradikalen" Regierungskreisen erhobenen Forderungen nach Entzug der Staatsbürgerschaft für die an der Initiative beteiligten israelischen Politiker –, stellte diese Attacken aufgrund der großen internationalen Zustimmung zur Genfer Initiative jedoch bald ein. Scharon erkannte rasch die „Gefahr" einer unkontrollierbaren Dynamik dieser Initiative. Um aus der politischen Defensive zu kommen, präsentierte er im Januar 2004 den Plan eines unilateralen Rückzugs aus dem Gaza-Streifen und löste damit heftigen innenpolitischen Streit aus. Die Siedlerbewegung und die ihr nahe stehenden Parteien – auch Teile von Scharons eigener Likud-Partei –, betrachten die Rückzugspläne nicht nur als Zurückweichen vor dem Terror der Palästinenser, sondern als illegitime Aufgabe jüdischen Bodens, als Verrat an Judentum und Zionismus. Scharon, jahrzehntelang „Vater der Siedlungsbewegung", der noch vor kurzem die Siedlungen im Gaza-

Streifen als unverzichtbar für die Sicherheit Israels bezeichnet hatte, verwies nun auf auf die sicherheitspolitische Bürde dieser Siedlungen, denn der Schutz von etwa 7.000 Siedlern inmitten von 1,3 Millionen Palästinensern erfordert einen immensen militärischen Aufwand und bindet finanzielle Ressourcen. Auch der Hinweis Scharons, der unilaterale Rückzug schade vor allem den Palästinensern und verhindere weitere „Friedensinitiativen" von dritter Seite, die Israel nur unter Druck setzen würden, konnte die Kritiker in den rechten Parteien nicht überzeugen.

Schließlich versuchte er mit dem Rückzug und der Aufgabe der Siedlungen im Gaza-Streifen eine weit gehende Sicherung der jüdischen Siedlungen in der Westbank zu verbinden. Es gelang ihm, von Präsident Bush im April die schriftliche Versicherung zu erlangen, dass eine zukünftige Friedensregelung

a) nicht den Rückzug auf die Grüne Grenze von 1949 bedeuten dürfe,
b) die veränderten demografischen Fakten in den besetzten Gebieten berücksichtigen müsse und schließlich
c) kein Rückkehrrecht palästinensischer Flüchtlinge nach Israel umfassen könne.

Obwohl diese Zusagen einen wesentlichen Erfolg für Scharon darstellten, konnte er seinen Rückzugsplan in der eigenen Partei nicht durchsetzen.

Von palästinensisch-arabischer Seite wurde der Brief des amerikanischen Präsidenten Bush als „zweite Balfour-Erklärung" gegeißelt. Wieder hatte eine Großmacht über die Köpfe der Palästinenser hinweg über ihre Rechte entschieden. Die Bush-Erklärung widerspricht dem durch die UN-Resolution 242 geschaffenen und international anerkannten Rahmen für eine Konfliktregelung, dessen zentrale Punkte der israelische Rückzug aus den besetzten Gebieten und eine gerechte Regelung des Problems der palästinensischen Flüchtlinge sind. Die geforderte Berücksichtigung der „demografischen Fakten" bedeutet aus palästinensischer Sicht eine Legitimierung der völkerrechtswidrigen Siedlungen. Und schließlich konterkariert eine solche

Erklärung mit der Präjudizierung möglicher Verhandlungsergebnisse nicht nur die Rolle der USA als „ehrlichen Makler", sondern widerspricht auch dem Prinzip der „Road Map", die alle Konfliktregelungen der gemeinsamen Vereinbarung der Konfliktparteien vorbehält.

Dieser Kritik haben sich viele Staaten mehr oder weniger deutlich angeschlossen. Doch konnte nicht verborgen bleiben, dass die Initiative Scharons viele in ein Dilemma stürzte: Dem geplanten militärischen Rückzug und der Aufgabe von Siedlungen konnte kaum widersprochen werden, doch vor der kaum verhohlenen Absicht Scharons, für den Gaza-Rückzug weitgehende Zugeständnisse auf der Westbank und beim Pflüchtlingsproblem einzuhandeln, konnte man auch nicht die Augen verschließen. Statt eines „Gaza first" bot Scharon ein „Gaza only" an, dessen vollständige Kontrolle von Grenzen, Luftraum, Land- und Seezugang, Wasser etc. sich Israel ohnehin vorbehalten wollte. Nicht die Keimzelle eines palästinensischen Staates lag in der Absicht Scharon, sondern ein Bantustan für 1,3 Millionen Palästinenser.

Dennoch unterstützen viele den Rückzugsplan in der Hoffnung, dass sich aus dem Scharon'schen Tabubruch von Gebietsaufgabe und Siedlungsräumung eine Dynamik entwickeln könnte, die auch zum baldigen Rückzug aus der Westbank und einer Zwei-Staaten-Regelung führt. Wer allerdings eine solche Dynamik vorantreiben sollte, bleibt angesichts der mangelnden Bereitschaft der internationalen Staatengemeinschaft und des Quartetts zur politischen Einflussnahme eine offene Frage. Der Rückzugsplan wird in seiner ursprünglichen Form zunächst nicht umgesetzt werden, denn Ariel Scharon fand in seiner eigenen Partei im Rahmen einer Mitgliederabstimmung am 2. Mai 2004 dafür keine Mehrheit, doch hat er eine Überarbeitung angekündigt. Im Windschatten der Rückzugsauseinandersetzungen ist es ihm auf jeden Fall gelungen, weit gehend unbehelligt den Mauerbau fortzusetzen, die Siedlungen auszubauen und die Hamas-Führung zu liquidieren.

Ein Neuanfang?

Der Tod des Präsidenten der palästinensischen Selbstverwaltung, Jasser Arafat, am 11. November 2004 hat die politische Situation im Nahen Osten unerwartet verändert. Entgegen den Befürchtungen vieler gelang der palästinensischen Führung zunächst eine friedliche Regelung der Übergangsphase. Mahmoud Abbas (Abu Mazen), der ehemalige Premierminister und bisherige Stellvertreter Arafats als Vorsitzender der PLO, übernahm die Führung der PLO und ist für die Vertretung der PalästinenserInnen nach außen verantwortlich. Ahmed Qureia (Abu Ala) bleibt Ministerpräsident und ist quasi für alle innerpalästinensischen Angelegenheiten zuständig. Nach kontroversen Diskussionen wurde ihm auch die Zuständigkeit für die Sicherheitsdienste übertragen, eine Forderung, die in der Vergangenheit am Widerstand Arafats gescheitert war. Alle palästinensischen Gruppen haben ihren Willen bekundet, für einen ruhigen Übergang zu sorgen und die vielfach prognostizierten bürgerkriegsähnlichen Zustände zu verhindern.

Abu Mazen gilt zwar keineswegs als zukünftiger starker Mann, doch als einzige Person, auf die sich alle widerstreitenden Fraktionen einigen konnten. Er ist der legale und in den Augen vieler sicherlich auch der legitime Nachfolger Arafats, doch er wird ihn niemals ersetzen können. Abu Mazen, Mitglied der Gründungsgeneration der Fatah ist ein Übergangskandidat – vielleicht für mehrere Jahre – der von (fast) allen Fraktionen in der Fatah akzeptiert wird, um für einen geordneten Übergang der Macht an die nächste Generation zu sorgen. Seine Akzeptanz verdankt er einerseits seinem Status als Gründungsmitglied der Fatah und damit als Repräsentant der „alten Garde“ Andererseits ist er Repräsentant des Reformflügels, der die Reform der palästinensischen Verwaltung – insbesondere auch der Sicherheitsdienste – voranzutreiben versuchte. Abu Mazen selbst verkörpert aber nicht die neue Generation („Junge Fatah“ oder Dritte Generation), die ihn heftig bedrängt, sie an der Macht zu beteiligen. Der prominenteste Vertreter dieser „Jungen Garde“ ist Marwan Barghouti, der als „Architekt der Zweiten Intifada“ und charismatische Führungspersönlichkeit große Sympathien genießt, aber wegen seiner Verwicklungen in terroristische Anschläge von einem israelischen Gericht zu lebenslanger Haft verurteilt wurde.

Mahmoud Abbas hat dagegen in den vergangenen Jahren die Militarisierung der Intifada immer wieder scharf kritisiert. Sein Name ist eng mit dem Oslo-Prozess und verschiedenen palästinensisch-israelischen Dialoginitiativen der letzten Jahrzehnte verbunden. Als Vorsitzender PLO ist er staatsrechtlich der Verhandlungspartner für Israel im Rahmen des Friedensprozesses, denn die Oslo-Verträge wurden mit der PLO also nicht mit der Palästinensischen Selbstverwaltung – abgeschlossen.

Die historische und charismatische Legitimität, die Arafat genoss, lässt sich auf die neue Führung nicht übertragen. Er war der *Rais* (der Präsident), der über allem schwebte, der die formalen Strukturen und Institutionen sowie deren demokratische Entscheidungen auch weitgehend ignorieren konnte. Diese Politik informeller Kooptation – unterstützt durch weitere – meist finanzielle – Wohltaten, um sich das Wohlwollen zu erhalten – kann kein Nachfolger einfach fortführen. Demokratische Wahlen sind deshalb eine wichtige Voraussetzung für eine weitgehend akzeptierte und dann auch handlungsfähige neue palästinensische Führung, die sich unter Umständen auch den kleinen *warlords* in einigen palästinensischen Städten und unbotmäßigen Führern der so genannten Sicherheitsdienste widersetzen kann. Gerade wenn sie überfällige innergesellschaftliche und demokratische Reformen einleiten sowie den Friedensprozesses wieder beleben will – beides wurde von Arafat in den letzten Jahren weitgehend blockiert –, dann hängt das Gelingen der politischen Transformationsphase ganz wesentlich von der demokratischen Legitimation ab. Nach den Präsidentschaftswahlen sollen weitere Wahlen auf lokaler und parlamentarischer Ebene folgen.

Alle Wahlen stellen jedoch nicht zuletzt auch eine Nagelprobe für die friedenspolitischen Absichten der Regierungen Israels und der Vereinigten Staaten dar, denn unter den derzeit obwaltenden Umständen der Besatzung sind ein Wahlkampf und demokratische Wahlen kaum denkbar. Ein Wahlkampf, in dem es z.B. der Großzügigkeit der israelischen Okkupationsmacht überlassen bleibt zu entscheiden, welche KandidatInnen auf Wahlkampfreisen gehen können und welche nicht, genügt kaum den demokratischen Mindeststandards. Die demokratische Legitimation liegt also auch in den Händen der israelischen Besatzungsmacht.

Risiken des Übergangs

Die neue palästinensische Führung steht vor großen Herausforderungen. In vielen Städten der Westbank und im Gaza-Streifen kann die PA schon seit Monaten Sicherheit und Ordnung nicht mehr gewährleisten. Die Grenzen zwischen politischen Machtkämpfen, tribalen Auseinandersetzungen und kriminellen Machenschaften verschwimmen immer mehr. Die palästinensische Bevölkerung erhofft von der neuen Führung, dass sie für Sicherheit und Ordnung sorgt, doch auch hier bleibt vieles von der Kooperationsbereitschaft Israels abhängig, da die palästinensische Polizei z.B. aufgrund israelischer Anordnung keine Waffen tragen darf und somit nicht entscheidend eingreifen kann.

Von wesentlicher Bedeutung wird auch sein, ob es Abu Mazen und Abu Ala gelingt, die zukünftigen innerpalästinensischen Auseinandersetzungen in demokratische Bahnen zu lenken. In intensiven Verhandlungen, die die neue Führung mit den islamistischen Organisationen Hamas und Islamischer Jihad geführt hat, brachten diese mehrfach deutlich zum Ausdruck, dass sie kein Interesse an bürgerkriegsähnlichen Verhältnissen haben. Sie verfolgen weiterhin eine Linie der Integration in die vorstaatlichen palästinensischen Strukturen. Auch ihre Absicht, bei den anstehenden lokalen Wahlen zu kandidieren, haben sie wiederholt bekundet. Dabei wird ihre fortdauernde Ablehnung des Oslo-Prozesses und ihre Opposition zur Palästinensischen Selbstverwaltungsbehörde betont; auch die Beteiligung an nationalen Wahlen wird (noch?) abgelehnt. Doch ihr Bemühen, in den bestehenden Strukturen an der Macht und insbesondere an der Gestaltung der zukünftigen Verhältnisse vor allem im Gaza-Streifen teilzuhaben, zumindest auf die Entwicklungen Einfluss auszuüben, ist unverkennbar.

Heftiger und oft gewalttätiger sind die Machtkämpfe innerhalb von Fatah. Hier drängt die „Junge Garde“ auf Ablösung der “Alten Garde”, der Korruption, Misswirtschaft und mangelnde demokratische Legitimation vorgeworfen wird. Nach langen internen Kämpfen soll es nun im Spätsommer 2005 endlich zu den seit 17 Jahren überfälligen Fatah-internen Wahlen kommen.

Neben der inneren Befriedung hat sich die neue Führung auch sofort Verhandlungen über einen Waffenstillstand zugewandt, d.h. einer Einstellung bewaffneter Aktionen palästinensischer Gruppen nicht nur in Israel, sondern auch gegen israelische Truppen und Siedler in den besetzten Gebieten. Dabei wären zu einem Waffenstillstand auch die militanten islamistischen Organisationen bereit, doch jegliche Vereinbarung scheiterte bisher an der Weigerung Israels, im „Kampf gegen den Terror“ auch auf eine Fortsetzung der außergerichtlichen Hinrichtungen zu verzichten. Die israelische Regierung betrachtet das Problem eines Waffenstillstands als eine innerpalästinensische Angelegenheit, an irgendwelchen Verhandlungen will sie sich nicht beteiligen. Auch wenn Abu Mazen und Abu Ala weiterhin intensiv mit allen islamistischen Kräften vor allem im Gaza-Streifen verhandeln werden, kommt hier Ägypten und Syrien eine wachsende Bedeutung als Vermittler zu.

Mit einer beispiellosen diplomatischen Offensive ist es der neuen Führung gelungen, die oft seit Jahren unterbrochenen politischen Beziehungen zu einigen anderen arabischen Staaten wieder zu beleben. Die Aussöhnung mit Syrien, das die Oslo-Verträge immer abgelehnt hat, eröffnet z.B. neue Einflussmöglichkeiten auf die Führungen militanter palästinensischer Organisationen im Exil in Damaskus. Die offizielle Entschuldigung Abu Mazens in Kuwait für die palästinensische Unterstützung Saddam Husseins im Golfkrieg 1991 ermöglicht freundschaftliche Beziehungen zu den Golfstaaten – und Hoffnungen auf eine Wiederaufnahme finanzieller Hilfeleistungen.

Eine neue friedenspolitische Dynamik?

In besonderer Weise eröffnet der Wechsel neue Perspektiven für den Friedensprozess. Abu Mazen – und auch Abu Ala - gelten als Vertreter des verhandlungsbereiten Fatahflügels, doch eine rasche Rückkehr zum Verhandlungsprozess ist kaum zu erwarten. Abu Mazen würde ein Endstatus-Abkommen, dass enthält, was Arafat abgelehnt hat, politisch kaum überleben. Dennoch könnte sich ein *window of opportunity* öffnen. Israel hält den Schüssel in der Hand ...

Zunächst wird der israelische Rückzug aus dem Gaza-Streifen auf der politischen Tagesordnung stehen. Der Tod Arafats brachte Scharon in eine schwierige Situation, denn sein geplantes unilaterales Vorgehen verliert seine Rechtfertigung. Der innen- und außenpolitische Druck hat erheblich zugenommen, nun doch endlich angesichts der veränderten Lage die Kooperation mit der palästinensischen Seite zu suchen und den *disengagement plan* tatsächlich zu einem Teil der *road map* zu machen, d.h. zu einem Einstieg in einen umfassenderen Rückzug auf dem Weg zur Realisierung der Zwei-Staaten-Lösung. Auch erste Schritte zur überfälligen Verwirklichung eingegangener Verpflichtungen (militärischer Rückzug auf die Linien vor Beginn der Intifada, Einfrieren der Siedlungstätigkeit, Auflösung der *outposts*, Reduzierung der *checkpoints)* werden diskutiert, denn nichts von alledem ist in den letzten Jahren passiert.

Zu konkreten Zugeständnissen hat sich die israelische Regierung bislang nicht bewegen lassen. Allerdings hat sie auch ihre Handlungsfähigkeit weitgehend verloren, da im Zuge der innerisraelischen Auseinandersetzungen um den Rückzugsplan aus dem Gaza-Streifen die Regierung Scharon im Herbst 2004 zerbrochen ist. Die neue Koalitionsregierung, an der seit Dezember 2004 auch wieder die Arbeitspartei unter Führung von Schimon Peres beteiligt ist, muss ihre friedenspolitische Handlungsfähigkeit erst unter Beweis stellen.

Der zweite Unsicherheitsfaktor zum Jahreswechsel 2004/2005 besteht in der zukünftigen Rolle der amerikanischen Regierung. Nach der Wiederwahl des amerikanischen Präsidenten George Bush muss abgewartet werden, ob sie von der weitgehend vorbehaltlosen Unterstützung der Politik Scharons Abstand nimmt und zu einer Rolle zurück findet, die eine friedliche Regelung des Konflikts wieder in den Mittelpunkt ihrer politischen Bemühungen stellt. Nach dem Tod Arafats wird zu Beginn des Jahres 2005 allseits ein „Neuanfang" im Nahen Osten beschworen, doch ob sich aus der veränderten Situation eine politische Dynamik entwickelt, die den Hoffnungen der Menschen in der Region auf einen dauerhaften Frieden eine neue Grundlage gibt, wird gewiss nicht nur von der palästinensischen Führung abhängen.

Chronologie

1881	Pogrome in Russland.
1882	Beginn der organisierten Einwanderung nach Palästina (1. Aliyah = Einwanderungswelle).
1897	1. Zionistischer Kongress in Basel.
1904	Pogrome im zaristischen Russland lösen eine Einwanderungswelle in Palästina aus (35.000 bis 40.000 Juden; 2. Aliyah).
1909	Tel Aviv und der erste Kibbuz Degania werden gegründet.
1914	Der Erste Weltkrieg beginnt. Die Juden machen 13 % der Gesamtbevölkerung Palästinas aus.
1915/16	Briefwechsel zwischen dem Scherifen von Mekka, Hussein, und dem britischen Hochkommissar in Ägypten, McMahon.
1916	Sykes-Picot-Abkommen zwischen England und Frankreich.
1917	Balfour-Deklaration.
1917/18	Britische Truppen erobern Palästina.
1919-1923	Ca. 35.000 Juden, besonders aus Polen und Russland, wandern nach Palästina ein (3. Aliyah).
1920	England übernimmt das Palästina-Mandat. Erste Auseinandersetzungen zwischen Juden und Arabern in Jerusalem.
1924/25	Eine neue Welle jüdischer Einwanderer vornehmlich aus Osteuropa (ca. 82.000; 4. Aliyah).
1929	Gründung der Jewish Agency. Blutige Auseinandersetzungen zwischen Juden und Arabern in Jerusalem, Hebron, Safed und Jaffa.
1933	Nationalsozialistische Machtergreifung in Deutschland; wachsende Judenverfolgung. Bis 1939 fliehen

	ca. 250.000 Juden aus Mittel- und Osteuropa nach Palästina (5. Aliyah).
1936	Araber rufen den Generalstreik aus, der bis 1939 immer wieder zu gewalttätigen Zusammenstößen führt.
1937	Teilungsplan der Peel-Kommission.
1939	Britisches Weißbuch: Einschränkung der jüdischen Einwanderung und Verbot von Bodenkäufen.
	Überfall Deutschlands auf Polen; Beginn des Zweiten Weltkriegs.
1941-1945	In deutschen Konzentrations- und Vernichtungslagern werden Millionen Juden ermordet. Tausende von Juden aus Palästina kämpfen an der Seite Englands gegen das nationalsozialistische Deutschland.
1942	Biltmore-Programm.
1945	Ende des Zweiten Weltkrieges. Jüdische Untergrundorganisationen beginnen den Kampf gegen die englische Mandatsmacht. Gründung der Arabischen Liga.
1947	Die UN-Vollversammlung nimmt am 29. November als Resolution 181 den Plan zur Teilung Palästinas in einen jüdischen und einen arabischen Staat an.
	Zwischen Arabern und Juden brechen noch am gleichen Tag Kämpfe aus.
1948	Einen Tag vor dem Ablauf des britischen Mandats wird am 14. Mai wird der Staat Israel proklamiert.
	Am 15. Mai greifen die Armeen Ägyptens, Jordaniens, des Irak, Syriens und des Libanon Israel an. In dem folgenden Krieg erweitert Israel das ihm von der UN im Teilungsplan zugesprochene Gebiet um ca. 5.700 km^2 auf 20.700 km^2.
	Resolution 194 der UN-Generalversammlung, in der als Grundlage für eine Konfliktlösung die Internationalisierung Jerusalems und die Rückkehr oder Entschädigung der palästinensischen Flüchtlinge gefordert wird.

1949 Waffenstillstandsverträge werden unterzeichnet.

1950 Das Westufer des Jordan wird von Jordanien annektiert.

Am 9. Juli sperrt Ägypten den Suez-Kanal für Schiffe mit für Israel kriegswichtigen Gütern.

1956 Am 26. Juli verstaatlicht der ägyptische Staatspräsident Nasser die Suez-Kanal-Gesellschaft.

1956 Am 29. Oktober greift Israel mit Briten und Franzosen Ägypten an und dringt bis zur Suezkanal-Zone vor.

Am 6./7. November werden aufgrund der Intervention der Großmächte USA und UdSSR die Kampfhandlungen eingestellt. Israel räumt seine letzten Stellungen im Mai 1957.

1964 In Ost-Jerusalem tagt der 1. Palästinensische Nationalkongress und beschließt die Gründung der Palästinensischen Befreiungsorganisation PLO.

1967 Am 22. Mai sperrt Ägypten die Straße von Tirana und damit den Golf von Akaba für israelische Schiffe.

5. bis 10. Juni: Sechs-Tage-Krieg; Israel erobert die syrischen Golan-Höhen, Westjordanien und die Altstadt von Jerusalem sowie die Halbinsel Sinai bis zum Suez-Kanal und den Gaza-Streifen.

Am 1. September beschließt die Arabische Gipfelkonferenz die drei „Nein“ von Khartum.

Am 22. November verabschiedet der UN-Sicherheitsrat die Resolution 242.

1969 Jassir Arafat wird zum Führer der PLO gewählt.

1970 Bürgerkrieg in Jordanien; Vertreibung der PLO in den Libanon („Schwarzer September“).

1972 Am 5. September überfällt ein Terrorkommando der PLO die israelische Olympia-Mannschaft in München.

1973 Am 6. Oktober, dem jüdischen Versöhnungsfest

(Jom Kippur) greifen ägyptische und syrische Truppen Israel an.

Am 17. Oktober beschließen die Opec-Länder, das Erdöl als politische Waffe einzusetzen, um Israel zu einem Rückzug aus den besetzten Gebiete zu zwingen. Die arabischen Staaten verhängen einen Öl-Boykott über viele westliche Staaten („Ölkrise").

Am 22. Oktober wird die Resolution 338 des UN-Sicherheitsrats verabschiedet. Sie verlangt neben der sofortigen Feuereinstellung die Verwirklichung der Resolution 242 und Verhandlungen zwischen den am Krieg beteiligten Parteien.

Beginn der Nahost-Pendeldiplomatie des amerikanischen Außenministers Kissinger, der ein ägyptisch-israelisches (Januar 1974) und ein syrisch-israelisches (Mai 1974) Truppenentflechtungsabkommen vermittelt.

1974 Auf der Arabischen Gipfelkonferenz in Rabat wird der PLO das Recht zugesprochen, als einzig legitime Vertreterin des palästinensischen Volkes die souveräne Herrschaft über die besetzten Gebiete zu beanspruchen.

Am 13. November redet PLO-Führer Arafat vor der UN-Vollversammlung in New York.

1975 Im April beginnt im Libanon der Bürgerkrieg.

1977 Im Juni übernimmt in Israel erstmals die nationalistische Opposition unter Menachem Begin die Regierung.

Vom 19. bis 21. November besucht der ägyptische Präsident Sadat Israel.

1978 Am 17. September schließen Israel und Ägypten das Abkommen von Camp David.

1980 In der „Erklärung von Venedig" spricht sich die EG für die Anerkennung des Selbstbestimmungsrechtes der Palästinenser und die Forderung aus, die PLO an Friedensverhandlungen zu beteiligen.

Am 30. Juni annektiert das israelische Parlament durch Gesetz Ost-Jerusalem und erklärt Jerusalem zur „ewig ungeteilten Hauptstadt“.

1981 Am 14. Dezember annektiert Israel die 1967 eroberten syrischen Golan-Höhen.

1982 Am 25. April ist der israelische Abzug vom Sinai abgeschlossen.

Israelische Truppen dringen nach dem 6. Juni 1982 bis Beirut vor und beschießen zusammen mit christlichen Milizen Lager der PLO, die ihr Hauptquartier nach Tunis verlegt.

16. bis 18. September: Massaker in Sabra und Schatila.

1985 Im Juni schließt Israel seinen Truppenrückzug aus dem Libanon ab, hält aber eine etwa zehn Kilometer breite Sicherheitszone im Süden des Libanon besetzt.

1987 Am 9. Dezember Beginn des Palästinenseraufstandes (Intifada).

1988 Im August erklärt der jordanische König Hussein den Verzicht auf die Westbank.

Am 15. November proklamiert der Palästinensische Nationalrat in Algier den Staat Palästina.

Am 13. Dezember bekräftigt Arafat vor den Vereinten Nationen in Genf „den völligen Verzicht auf Terrorismus“ und erkennt das Recht Israels an, „in Frieden und Sicherheit zu leben“.

1990 Am 3. August besetzt der Irak Kuwait.

1991 16. Januar – Ablauf des UN-Ultimatums an den Irak zum Abzug aus Kuwait und Beginn des Irak-Krieges.

Am 18. Januar greift der Irak Israel zum ersten Mal mit einer Scud-Rakete an.

Am 30. Oktober wird in Madrid die Nahost-Friedenskonferenz eröffnet.

1992 Nach den israelischen Parlamentswahlen am 23. Juni

wird der Vorsitzende der Arbeitspartei, Jitzchak Rabin, Ministerpräsident.

17. Dezember – Zwangsexilierung von 415 Anhängern der islamistischen Hamas-Organisation als Reaktion auf eine Serie von Mordanschlägen. Die PLO setzt daraufhin die Teilnahme bei der achten Runde der Nahost-Friedensgespräche aus.

1993 Am 9. September einigen sich Israel und die PLO über die gegenseitige Anerkennung.

Am 13. September wird in Washington das so genannte Oslo-Abkommen unterzeichnet. Historischer Handschlag zwischen Arafat und Rabin bei der Unterzeichnungszeremonie.

1994 Am 4. Mai Unterzeichnung des Kairoer Abkommens über die Übergangsregelungen für Gaza und Jericho.

Am 25. Oktober Unterzeichnung des Friedensvertrags zwischen Israel und Jordanien.

1995 Im September Unterzeichnung des Interimsabkommens (Oslo 2).

Am 4. November fällt der israelische Premierminister Jitzchak Rabin einem Attentat zum Opfer.

1996 Am 20. Januar Wahl Arafats zum Vorsitzenden der palästinensischen Selbstverwaltungsbehörde und Wahl des palästinensischen Selbstverwaltungsrates.

Zwischen dem 25. Februar und dem 5. März Serie von vier Selbstmordattentaten.

Am 29. Mai wird Benjamin Netanjahu zum israelischen Ministerpräsidenten gewählt.

1997 Am 15. Januar wird das Abkommen über die Teilräumung Hebrons (80 %) und die Räumung weiterer Gebiete der Westbank abgeschlossen.

1998 Am 24. Oktober wird in Wye Plantation in den USA das Abkommen zur Umsetzung der zweiten Stufe des israelischen Rückzgs aus den besetzten Gebieten unterzeichnet. Daraufhin zerfällt die Mitte-Rechts-Koalition von Premierminister Netanjahu.

Am 21. Dezember beschließt die Knesset Neuwahlen.

1999 Auf ihrem Berliner Gipfeltreffen „bekräftigt die EU das dauerhafte und uneingeschränkte Recht der Palästinenser auf Selbstbestimmung einschließlich der Option für einen Staat".

Am 4. Mai endet die 5-jährige Interimsperiode, bis zu deren Ablauf eine Endstatusregelung ausgearbeitet werden sollte.

Am 17. Mai wird Ehud Barak zum israelischen Ministerpräsidenten gewählt. Er bildet eine Koalition unter Führung der Arbeitspartei.

2000 Aufgrund des Scheiterns des Gipfeltreffens zwischen US-Präsident Clinton und Syriens Präsident Assad kommen die Verhandlungen zwischen Israel und Syrien zum Erliegen.

Am 23. Mai zieht sich die israelische Armee vollständig aus dem Libanon zurück.

Vom 11. bis 25. Juli ergebnislose Verhandlungen zwischen Israelis und Palästinensern unter amerikanischer Vermittlung in Camp David.

Nach einem umstrittenen Besuch des israelischen Oppositionsführers Scharon auf dem Tempelberg/Haram asch-Scharif in Jerusalem am 28. September beginnt die so genannte „Al Aksa-Intifada".

Nachdem weitere Verhandlungsbemühungen zwischen Israelis und Palästinensern ergebnislos bleiben und die Intifada andauert, tritt Ministerpräsident Barak am 10. Dezember zurück.

Am 24. Dezember legt US-Präsident Clinton Eckpunkte für einen Friedensplan vor.

2001 Verhandlungen zwischen Israelis und Palästinensern Ende Januar in Taba.

Am 6. Februar wird Ariel Scharon zum israelischen Ministerpräsidenten gewählt. Er bildet eine Koalition der „Nationalen Einheit“ unter Einschluss der Arbeitspartei.

Am 7. Mai legt die Mitchell-Kommission zur Untersuchung der Ursachen der Al Aksa-Intifada ihren Bericht vor.

2002 Am 17.2. schlägt der saudi-arabische Kronprinz Abdullah die vollständige Normalisierung der Beziehungen zwischen den arabischen Staaten und Israel vor, wenn sich Israel auf die Grenzen von 1967 zurückzieht. Eine entsprechende Resolution wird beim Gipfeltreffen der arabischen Staaten am 28.3.2002 in Beirut angenommen.

Am 12.3.2002 nimmt der UN-Sicherheitsrat die Resolution 1397 an, in der er sich für eine Zwei-Staaten-Regelung einsetzt.

Nach einer Serie schwerer Selbstmordattentate besetzt die israelische Armee im April erstmals seit Beginn des Oslo-Prozesses wieder alle palästinensischen Gebiete mit Ausnahme von Jericho.

Am 24. Juni hält der US-amerikanische Präsident Bush eine Grundsatzrede, in der er von der Vision zweier nebeneinander existierender Staaten spricht. Voraussetzung sei eine andere palästinensische Führung.

Nach dem Rückzug der Arbeitspartei aus der Regierungskoalition werden vorzeitige Neuwahlen für die Knesset notwendig.

Im Dezember einigt sich das Nahost-„Quartett“ (USA, EU, UN, Russland) auf die „Road Map for Peace“.

2003 Aus den Knessetwahlen am 28. Januar geht der Likud, die Partei von Ministerpräsident Scharon, als eindeutige Siegerin hervor.

Am 27. Februar präsentiert Ministerpräsident Scharon eine Regierung aus Likud, Schinui, Nationalreligiöser Partei und Nationaler Union.

Am 3. Juni Gipfeltreffen zwischen US-Präsident Bush, Israels Ministerpräsident Scharon und dem neuen palästinensischen Ministerpräsidenten Mahmud Abbas (Abu Mazen).

Mit dem Rücktritt von Mahmud Abbas am 6. September kommt die Umsetzung der „Road Map" zum Stillstand. Achmed Qurei (Abu Ala) wird sein Nachfolger.

Im Oktober wird die „Genfer Initiative" (Beilin-Abed-Rabbo-Papier), ein exemplarisches israelisch-palästinensisches Friedensabkommen, veröffentlicht.

2004 Im Januar präsentiert Israels Ministerpräsident Scharon einen Plan zum einseitigen Abzug Israels aus dem Gaza-Streifen.

Am 11. November stirbt der palästinensische Präsident Jasser Arafat.

Am 19. Dezember Bildung einer Kolaition der nationalen Einheit in Israel zur Umsetzung des Abzugs aus dem Gazastreifen.

2005 Am 9. Januar wird Mahmud Abbas zum Nachfolger von Arafat als Präsident der Palästinenser gewählt.

Am 8. Februar kommt es zum Gipfeltreffen zwischen Israels Ministerpräsident Scharon und dem palästinensischen Präsidenten Abbas in Scharm esch-Scheich in Ägypten.

Literaturempfehlungen

Gregory Baum/Hubert Frankemölle/Christoph Münz (Hrsg.) 2001: Frieden für Israel. Jewish Peace-and-Justice-Groups in Israel. Frankfurt/M.

Helga Baumgarten 2002: Arafat. Zwischen Kampf und Diplomatie. München

Martin Beck 2002: Der Friedensprozess im Nahen Osten. Wiesbaden

Reiner Bernstein 1998: Geschichte des Staates Israel 2. Von der Gründung 1948 bis heute. Schriftenreihe des DIAK, Bd. 32. Schwalbach/Ts.

Johannes Glasneck/Angelika Timm 1998: Israel. Die Geschichte des Staates seit seiner Gründung. 3. Aufl., Bonn

Alain Gresh 2002: Israel-Palästina. Die Hintergründe eines unendlichen Konflikts. Zürich

David Grossman 2003: Diesen Krieg kann keiner gewinnen. Chronik eines angekündigten Friedens. München/Wien

Dietmar Herz 2003: Palästina. Gaza und Westbank. Geschichte, Politik, Kultur. 5. Aufl., München

israel & palästina – Zeitschrift für Dialog. Vierteljährlich erscheinende Zeitschrift des Deutsch-Israelischen Arbeitskreises für Frieden im Nahen Osten e.V., Schwalbach/Ts.

Uta Klein/Dietrich Thränhardt (Hrsg.) 2002: Gewaltspirale ohne Ende? Konfliktstrukturen und Friedenschancen im Nahen Osten. Schriftenreihe des DIAK, Bd. 37. Schwalbach/Ts.

Gudrun Krämer 2003: Geschichte Palästinas. 4. Aufl., München

Michael Krupp 2001: Die Geschichte des Zionismus. Gütersloh

Michael Krupp 1999: Die Geschichte des Staates Israel. Von der Gründung bis heute. Gütersloh

Hermann Meier-Cronemeyer 1997: Geschichte des Staates Israel 1. Entstehungsgeschichte: Die zionistische Bewegung. Schriftenreihe des DIAK, Bd. 29. 3. Aufl., Schwalbach/Ts.

Volker Perthes 2002: Geheime Gärten. Die neue arabische Welt. Berlin

Bernard Wasserstein 2003: Israel und Palästina. Warum kämpfen sie und wie können sie aufhören? München

Internetadressen

Auch über das Internet sind viele Informationen zum Thema zu erhalten. Die Online-Ausgaben fast aller großen deutschen Zeitungen (Frankfurter Allgemeine Zeitung, Die Welt, Frankfurter Rundschau, Süddeutsche Zeitung, Die Zeit, Der Spiegel, Net-Zeitung) enthalten besondere Dossiers zum Thema Nahost mit mehr oder weniger umfangreichen historischen Darstellungen und Verweisen auf Originaldokumente.

www.diak.org

Website des Deutsch-Israelischen Arbeitskreises für Frieden im Nahen Osten e.V. mit Informationen und Beiträgen vor allem zu friedensrelevanten Themen und vielen weiteren Links.

www.zeitung-online.com/Der_Nahost-Konflikt/der_nahost-konflikt.html

Ein besonders umfangreiches Portal bietet viele weiterführende Links von Fatah über historische Textsammlungen und Aufsätze bis zum israelischen Außenministerium

www.de.fc.yahoo.com/n/nahost.html

Website mit aktuellen Nachrichten, besonderen Schwerpunktthemen und vielen weiteren Links.

Autoren

Jörn Böhme, Jahrgang 1955, Diplom-Pädagoge, Vorsitzender des Deutsch-Israelischen Arbeitskreises für Frieden im Nahen Osten (DIAK), Wissenschaftlicher Koordinator des Arbeitskreises Internationale Politik und Menschenrechte in der Bundestagsfraktion Bündnis 90/Die Grünen. Zahlreiche Veröffentlichungen zu Israel und den deutsch-israelischen Beziehungen, u.a.: Deutsche und europäische Beiträge zum israelisch-palästinensischen Friedensprozess (zusammen mit Christian Sterzing), in: Volker Perthes (Hrsg.): Deutsche Nahostpolitik. Interessen und Optionen, Schwalbach/Ts. 2001; Kein Frieden ohne Menschenrechte – keine Menschenrechte ohne Frieden. Menschenrechte und der israelisch-palästinensische Konflikt, in: Jahrbuch Menschenrechte 2002, Frankfurt/M. 2001

Dr. Tobias Kriener, Jahrgang 1956, Evangelischer Theologe, Geschäftsführendes Vorstandsmitglied des Deutsch-Israelischen Arbeitskreises für Frieden im Nahen Osten (DIAK) bis 2004. 1995-2004 leitender Redakteur der Zeitschrift „israel & palästina". Autor und Mitherausgeber von Büchern zu Israel und dem Nahen Osten, u.a.: Normal ist das Besondere. Streiflichter aus 30 Jahren deutsch-israelischer Beziehungen, Schwalbach/Ts. 1996; Kibbuz-Leitfaden, Frankfurt/M. 1994 (DIAK-Schriftenreihe, Band 26)

Christian Sterzing, Jahrgang 1949, Rechtsanwalt und Pädagoge, Mitglied des Bundestages von 1994 bis 2002, derzeit Direktor des Büros Arabischer Naher Osten der Heinrich-Böll-Stiftung in Ramallah/Palästinensische Gebiete. Vorstandsmitglied des Deutsch-Israelischen Arbeitskreises für Frieden im Nahen Osten (DIAK) seit 1977. Zahlreiche Veröffentlichungen zum Nahost-Konflikt, zuletzt u.a.: Die Europäische Union und die Integration des östlichen Mittelmeerraums, in: Uta Klein, Dietrich Thränhardt (Hrsg.): Gewaltspirale ohne Ende? Konfliktstrukturen und Friedenschancen im Nahen Osten, Schwalbach/Ts. 2002; (zusammen mit Hermann Gröhe, Christoph Moosbauer, Volker Perthes): Eckpunkte für eine deutsche Nahostpolitik, in: Volker Perthes (Hrsg.): Deutsche Nahostpolitik. Interessen und Optionen, Schwalbach/Ts. 2001